UN247160

日本人論説委員が見つめ続けた

激動中国

日中対訳版

加藤直人

中国人記者には書けない「14億人への提言」

日本僑報社

目　次 *（目录）*

～1～　大型コラム・ワールド観望 *（大专栏・全球瞭望）*

～2～　社説（*社评*）

～3～　大型社説（*大型社评*）

※文中の肩書きや数字等はすべて記事執筆時のものです。

～1～

大型コラム・ワールド観望

（大专栏・全球瞭望）

雨傘運動に参加し、真剣な表情で香港中心部に座り込む若者たち
＝2014 年 9 月、香港で、筆者撮影

参加雨伞运动、一脸真诚在香港市中心静坐的年轻人。
（2014 年 9 月作者摄于香港）

 日本語原文

虎より怖い重税・中国

[2012. 07. 03]

平等な分配を旨とする社会主義の中国は、すでにフランスに次ぐ重税大国になったという。息をするのに呼吸税をかけるべきだとの議論すら巻き起こったことがある。現代中国の苛斂（かれん）誅求（ちゅうきゅう）と不公平感は、社会の安定を大きく揺るがしかねない。

■まずは不公平解消を

中国の昨年の税収は前年比で22%以上も伸び、九兆元（約百十七兆円）に迫った。この五年ほど二割以上の伸びが続き、昨年の税収はついに日本の三倍近くとなった。

税収を支えるのは、増値税（日本の消費税に近い付加価値税）、企業所得税、営業税、消費税（車などのぜいたく品税）などである。世界第二の経済大国になり、財政赤字に苦しむ先進国を尻目に、財政は安定している。

だが、課題は山積みだ。焦眉の急は、不公平感の解消。中国では上から二割の高額所得者が個人資産全体の八割を持つという格差社会。そして、こうした高所得者が納める個人所得税は全体の一割に満たないとさえいわれる。

高額所得者への課税が強化されているとはいえ、脱税も横行している。増値税率は最高で17%と日本の５％よりかなり高く、金持ちより庶民や外国企業の懐を直撃する。

■呼吸税や渋滞税まで

数年前には、社会科学・人文科学研究の最高機関である中国

苛税猛于虎·中国

[2012. 07. 03]

以平均分配为宗旨的社会主义中国，现已成为仅次于法国的重税大国。甚至有人主张说呼吸也得缴税，舆论一片哗然。当代中国的横征暴敛和不公平感将会极大地动摇社会稳定。

首先要消除不公平

去年（2011 年）中国的税收与前年比上升 22%，逼近九万亿元（约一百十七兆日元）。已连续五年左右增长二成以上，去年的税收将近日本的三倍。

中国的税收以增值税（类似日本消费税附加价值税）、企业所得税、营业税、消费税（汽车等奢侈品税）等为主。中国成为世界第二大经济体，尽管有些发达国家也为财政赤字苦恼，但中国一枝独秀。

然而，问题堆积如山。迫在眉睫的是要消除不公平感。中国是一个高度两级分化的社会，20% 的高收入者拥有八成个人资产。而且，据说这些高收入者缴纳的个人所得税不到总体的 10%。

虽说政府加强了对高额收入者的征税，但偷税漏税现象非常泛滥。增值税税率高达 17%，比当时日本的 5% 还要高出许多，直接受到打击的不是有钱人，而是民众和外企。

呼吸税和塞车税

几年前，社会科学、人文科学的最高研究机构中国社会科学院的学者公开提出“作为二氧化碳的排放者，市民应当每个月支付二十元购买呼吸权”。对此，网上很多人纷纷反驳，认为“忘记

社会科学院の学者が「二酸化炭素の排出者として、国民は毎月二十元（約二百六十円）の税金を支払い、呼吸権を購入すべきだ」と、公に問題提起した。ネット上では「公共サービス提供のためという税金の本質を忘れている」などの反論が相次ぎ、さすがに呼吸税は実現しなかった。

慢性的な渋滞に悩む北京市や、広東省広州市などは「渋滞税」の試験導入を議論している。ラッシュ時に特定地域に乗り入れた車に課税し、渋滞緩和や大気汚染の改善を図ろうとの試みだ。

政府内部では、不動産税や資源税を今後、地方税の柱にしていこうとの考えもある。今でも、税収の半分が不動産関係という、いびつな税収の都市もあるという。

中国の古典である礼記（らいき）に「苛政は虎よりも猛（たけ）し」とある。庶民は虎よりも、重税や厳罰を恐れてきた。後漢末の黄巾の乱をひもとくまでもなく、苛斂誅求に耐えかねた農民蜂起が政権を揺さぶり、時に倒してきたのが、中国史だ。

■主人には気を使わず

温家宝首相は、春の全人代政治報告で、安定成長とともに民生改善を、二〇一二年の主要任務に挙げた。

胡錦濤政権の「穏中求進（安定の中で進める）」の基本思想に沿った内容であった。だが、庶民生活に直接響く税金について、取れるところから取るという不公平な苛政を続けるのであれば、とても安定的な前進は望めまい。

「中国の良心」といわれた報告文学（ルポルタージュ）の巨匠、劉賓雁は、地方幹部の汚職を題材にした著作「人妖の間」で、「党幹部はあちこちに気を使うが、人民共和国の主人である人民にだけは気を使わない」と書いた。鋭く響く警句ではないか。

了税收是要为公共事业服务的这个本质”，最终，呼吸税未能兑现。

在为慢性堵车苦恼的北京、广东省广州市等地，正在讨论试行实施“塞车税”。试图对交通高峰时段进入特定路段的车辆实施征税，以缓解堵车和改善环境污染。

在政府内部，还有将不动产税、资源税作为今后地方税支柱的想法。现在有些城市的税收仍是扭曲的，其税收的一半均和不动产相关。

中国古典著作礼记说“苛政猛于虎”，民众畏惧重税严罚，胜过畏惧老虎。后汉末黄巾之乱自不待说，农民忍受不了横征暴敛揭竿而起撼动政权，甚至还有推翻政权的，这都出自中国历史。

对主人不用心

温家宝总理在春季全国人大政府工作报告中讲，稳定增长和改善民生是 2012 年的主要任务。这符合胡锦涛政权的“稳中求进”（稳定中求发展）的基本思想。可是，税收直接影响民众生活，若让能征就征的不公平苛政持续下去，十分稳定的发展则无以期待。

被称为“中国人之良心”的报告文学巨匠刘宾雁，以地方干部渎职为题材撰写了《人妖之间》一书。文中有段写道：“党的干部是这也怕得罪，那也怕得罪，唯独不怕得罪人民共和国的主人”。此为多么犀利、响亮的警句啊。

 日本語原文

「愛国無罪」という妖怪

[2012. 09. 18]

「共産党宣言」流に言えば「一つの妖怪が中国を徘徊(はいかい)している。愛国無罪の妖怪が」とでもなろうか。反日世論を支えるスローガン。中国当局の思惑を超えて、政府批判に転じる危険性もはらむ。

■中国国民も不安視

日本の言論NPOや中国の新聞社が春に実施した共同世論調査の結果に驚いた。今後の両国の懸念材料として「中国国民の反日感情」を挙げた中国人が前年13.5%から21.3%に急増。中国人自身が、肥大化した反日感情に不安を募らせているのだ。

デモでは「愛国無罪」のスローガンが叫ばれる。若者たちは「国を愛することによる蛮行に罪はない」と解釈し、反日行動を正当化する。

背景には、江沢民政権時代の、愛国主義教育の徹底がある。抗日戦争記念館など全国二百余の愛国主義教育基地を造り、児童や生徒の遠足を義務づけた。愛国と抗日を結びつける動きを強めたことが、この時代に教育を受けた若者の心に「愛国＝反日」の誤った構図を刻み込んだ。

二〇〇五年の反日デモを北京で取材した。大学生らは校旗を掲げ、隊列を組んで日本大使館前に押しかけた。

■警備陣のささやき

投石するデモ隊が館内に乱入しないよう押しとどめながら、

被唤作“爱国无罪”的幽灵

[2012. 09. 18]

根据《共产党宣言》说法，“一个幽灵在中国徘徊着，这幽灵就是爱国无罪”，这个比喻非常恰当，并且顺理成章地成为了支持反日舆论的口号。“爱国无罪”这一口号已超越中国当局的意图，孕育着转向针对政府批评的危险。

中国民众也感到不安

日本言论 NPO 和中国媒体在春季共同实施的舆论调查结果令人吃惊，作为担忧影响两国关系的“中国民众反日情绪”，由前年 13.5% 上升至 21.3%。中国人自己也为反日情绪扩大化而感到不安。

游行队伍中打出“爱国无罪”的标语，年轻人解释道“出于爱国的野蛮行为没有罪”，将反日行动日趋合理化。

究其背景可知，在江泽民政权时代进行了彻底的爱国主义教育，在全国各地创立了抗日战争纪念馆等二百多个爱国主义教育基地。当局规定必须履行义务，组织青少年前往参观。中国当局刻意将爱国和抗日联系在一起，致使在这一时代受教育的年青人的心灵上，刻下了“反日即爱国”的错误烙印。

2005 年我在北京采访反日游行时，曾亲眼目睹大学生们挥舞着校旗列队冲击日本大使馆。

警备队的低声细语

中国的警卫人员在阻止向使馆扔石头的示威队伍冲入使馆的同时，嘴上却在小声的说着“加油”。

中国の警備陣は「加油（頑張れ）」とささやいた。

中国政府は当時「（デモは）政府とは何の関係もない」と弁明した。官製デモとまでは言えなくても、当局は「愛国無罪」の主張に真っ向から反対できず、ガス抜きとして反日デモを容認し、時に利用してきたのが実態である。

愛国無罪の由来は一九三〇年代の七君子事件にさかのぼる。国民党政権が抗日民主運動を鎮圧し、七人に死刑求刑。「国を愛する七人が有罪なら、我々も入獄させよ」と政府を批判したスローガンが「愛国無罪、救国入獄」。若者の解釈と違い、もともとは反政府の色彩を帯びるのだ。

尖閣に不法上陸した香港の活動家は政治的に、中国共産党の独裁に反対し香港民主化を求めてきた。だが、今回の出航で、中国の国政助言機関委員の資金援助を受けた。

▩上陸活動家は落選

この委員は、不法上陸を「民間の愛国行動」と称賛した。「愛国＝反日」をキーワードに、対立関係にあるはずの中国と活動家が手を結んだ打算の構図が浮かび上がる。

だが、香港で親中派行政長官が進めようとした愛国教育が、抗議行動の高まりで挫折した。尖閣上陸で名前を売ったはずの活動家は香港立法会議員選挙で落選している。

民主の空気を吸ってきた香港の住民は、中国が香港にも浸透させようとする愛国教育や活動家の愛国パフォーマンスに、政治性やうさんくささを感じ取っているのだ。

大陸への返還で、政治的に息苦しくなっている香港とはいえ、まだまだ民主の拠点であった時代の輝きを完全には失っていないのである。

愛国は美しく尊い。だが、政治利用すれば、危険なもろ刃の剣であることは幾多の歴史が教えている。中国指導部が、それに気づいていないはずもない。

而当时中国政府的辩解是“游行与政府没有任何关系”。虽然，不能说是官方组织的示威游行，但当局并不公开反对“爱国无罪”的主张，对那些为泄愤的反日游行予以容忍，且不时地加以利用，这也是不争的事实。

爱国无罪的由来可追溯到1930年爆发的“七君子事件”。当年国民党政权为镇压抗日民主运动，行将七人判处死刑。“七人爱国若有罪，也将我等关进狱”，接而抨击政府的口号为“爱国无罪，救国入狱”。与当下青年人的解读大相径庭，具有浓重的反政府色彩。

之后非法登上尖阁岛（钓鱼岛）的香港活动家，在政治上反对中国共产党的独裁，寻求香港民主化。然而，那次出海活动却接受了中国政协委员的援助资金。

登岸活动家的落选

这位委员将非法登岛赞扬为“民间爱国行动”。以“爱国＝反日”为关键词，企图使原本处于对立关系的中国当局与香港活动家结成联盟，为司马昭之心，路人皆知也。

可是，香港亲中派行政长官计划推进爱国主义教育运动，在高涨的抗议声浪中夭折了，那位因保钓登岸而一举成名的活动家在香港立法会议员选举中败北。

习惯在民主空气中生活的香港民众已察觉到了，中国政府欲向香港灌输爱国主义教育和活动家的爱国把戏其政治性令人质疑。

就回归大陆而论，香港政治层面虽令人窒息，然而其作为民主据点的时代光芒并未黯然失色。

历史告诉我们，爱国是美丽的，受人尊敬的，但是，千万不能为政治所利用，否则，其将是一柄危险的双刃剑，中国政府当局不会不懂得吧。

薄氏死刑論のウラ側は

[2012. 10. 30]

失脚した元重慶市トップ、薄熙来氏（63）に死刑が言い渡されるとの観測が出始めた。背景には、執行猶予付きの死刑判決という中国独特の制度がある。実際には懲役に減刑されることが多いが、死刑判決で共産党の強い意志を示し、薄氏を政治的に葬り去る狙いがあるという。

■文革四人組も減刑

中国で有名な死刑の減刑は「文革四人組」。二人が死刑判決を受けた。毛沢東夫人の江青は無期懲役に減刑されたが自殺し、張春橋は懲役十八年に減刑された。

党籍を剥奪された薄氏は刑事訴追を受けることになり、一時は懲役二十年との予測が広がった。過去の地方トップの汚職事件の判決は懲役十六～十八年であった。

だが、中国の法律家の間では、「執行猶予付き死刑」との見方が浮上。香港紙によると、温家宝首相は死刑実刑を主張し、共産党トップの胡錦濤総書記は猶予付き死刑を求めているという。

猶予付き死刑論浮上について「刑法改正の影響がある」（元中国紙記者）という。

■高官用の特別監獄

中国刑法は、執行猶予付き死刑判決では、二年間の猶予期間中に改悛（かいしゅん）すれば無期懲役に、改悛して功績をあげた場合は十五年以上二十年以下の有期懲役に減刑できると定めていた。そ

薄死刑论的背后

[2012. 10. 30]

已经开始传出倒台的原重庆市一把手薄熙来（63 岁）将被判处死刑的消息。其背景是，因为中国的死刑判决制度中设有死缓。实际上，在服刑中大多数能被减刑，因此，通过判处薄熙来死刑既显示了共产党的强硬意志，又从政治上彻底葬送薄熙来。

文革四人帮也获减刑

在中国最有名的死刑减刑是“文革四人帮”案。当时，有二人被判死刑，毛泽东夫人江青在减刑为无期徒刑后自杀，张春桥被减刑为十八年有期徒刑。

薄熙来被开除出党后受刑，最初普遍预测服刑时间为二十年。以往地方负责人贪腐事件的判决多为十六至十八年。

然而,在中国法律专家中有人提出了将判处“死缓”意见。据香港报纸报道，温家宝总理主张判处死刑，而胡锦涛总书记则要求判处死缓。

对于死缓论的出现，有位中国报纸前记者说:“是受到刑法修改的影响”。

高官的特别监狱

中国刑法规定，被判处死缓，如在二年缓刑期内有悔改立功的表现，可改判为无期徒刑，改造期间表现出色或有立功表现者，可减刑至十五年以上二十年以内的有期徒刑。然而去年（2011年）修改的刑法规定，减刑后的刑期为二十五年，比以前严厉了。

因此，即使是死刑减刑，包括审讯收监期和二年缓期，若无

れが、昨年の刑法改正で、減刑後の有期懲役は二十五年と厳しくなった。
　このため、死刑が減刑されても、取り調べの収監期間や二年の猶予期間を含めれば、薄氏は恩赦がなければ三十年近く閉じ込められる。「年齢を考えれば、政治的に死刑と同じ」（同）との理屈だ。
　猶予中も収監されるが、元高官は民衆とは無縁の高級刑務所に入る。薄氏は北京の郊外、万里の長城に行く途中にある秦城監獄に移される可能性が高い。江青が首つり自殺したところだ。
　マフィア撲滅や格差是正に取り組んだ“薄人気”は根強い。もしも死刑執行なら党指導部の政治局員経験者として初となり、社会の動揺は大きい。猶予付きでも死刑判決ならば党の威信は保たれる。
　英国人殺害の罪で薄夫人は執行猶予付き死刑判決を受けた。薄氏が死刑では重すぎるとの意見もある。

▨政治利用の危険性

　共産党は、巨額な賄賂以外にも、職権乱用、多くの女性との不適切な関係－など多くの罪状を並べ立てた。
　単なる汚職事件ではなく、懲役では軽いと強調する狙いがあろう。だが、死刑論浮上は、刑事裁判すら党の政治判断に左右される危険性を浮き彫りにしたといえる。
　薄氏と立場が近い保守派幹部らが、公正で公開された審理を求めた。派閥争いの面もあるが、安易な死刑選択に警鐘を鳴らしたといえる。
　中国は世界で最も死刑が多いと指摘される。国際人権団体アムネスティはかつて「しばしば政治的干渉の結果、死刑が思いのまま適用されている」と批判した。
　中国では、猶予付き死刑判決は少しでも執行を減らす刑事政策との擁護論もあるが、政治利用の危険性は、なお残る。

特赦的话，薄将坐牢近三十年。“从年龄来看，等同政治死刑了”（中国报社前记者），就是这个道理。

死缓服刑期间，那些原来的高官被囚禁在与寻常百姓无缘的豪华监狱。薄入狱的地方很有可能是位于北京郊外、去万里长城途中的秦城监狱，那里也是江青上吊自尽的地方。

消灭黑社会、缩小贫富差距，“薄熙来的人气”是很强大的。如果死刑首次用在曾经的党最高层、政治局常委身上，那么必然会引起社会大动荡，而执行死缓则能确保党的威望不受损伤。

也有一种意见认为，杀害英国人获罪的薄夫人也只不过被判死缓，若判薄以死刑则量刑过重。

政治利用的危险性

共产党罗列薄的罪状是接受巨额贿赂、滥用职权、与多名女性发生不正当关系等。

也许其目的是想强调这不是单纯的贪腐案件，如果判处有期徒刑就太轻了。但是，死刑说的出现，可以说更突显了连刑事案的审判也要受党的政治判断所左右。

与薄立场相近的保守派干部提出公正、公开审判的要求。虽说这个要求有派系斗争的因素在内，但也从侧面对随意采取死刑的做法敲响了警钟。

有人指出,中国是全世界死刑最多的国家。国际人权团体、国际特赦组织曾批评道 :“屡屡政治干涉，任意地动用死刑。”

在中国，拥护死缓判决的人认为死缓的存在至少可以减少死刑的执行率，但在政治上“死缓”沦为其工具的危险性亦客观存在。

「小・胡錦濤」の出番は

[2012. 12. 11]

習近平指導部がスタートしたばかりの中国で、気の早いことに、次の指導部人事をめぐり予測、臆測が飛び交っている。第十八期党大会の権力闘争が、胡錦濤前総書記と江沢民元総書記の痛み分けの形になったからだ。五年後の党大会が再び決戦の場になるというから、穏やかではない。

■胡・孫体制を描く

中国トップ7の政治局常務委員の顔ぶれを見れば、江派の勝利と言える。だが、胡氏が名より実を取ったとも言える。胡氏は党中央軍事委員会主席も含めて完全引退し、刺し違える形で江氏ら長老の排除に道筋をつけた。軍事委副主席には腹心二人を昇格させ、軍の実権を握り続けることに成功した。

中国筋によると、第四世代の指導者である胡氏の狙いは習指導部の次の時代に、自らが率いる共産主義青年団派がトップの第六世代指導部を築こうというものだ。

胡氏の青写真は、第六世代のホープである胡春華党政治局委員を、五年後の党大会で常務委員に昇格させ、十年後の第二十期党大会でポスト習の総書記にというものだ。その時には孫政才重慶市党委員会書記を首相にと思い描くようだ。

■５年後政争再燃か

習指導部は五年後、習氏と来春に首相就任予定の李克強氏以外の五人は、六十八歳の定年制にかかって引退する。江、胡政

“小·胡锦涛”登场待何时

[2012. 12. 11]

在中国，习近平领导团队刚刚成立，围绕下一轮高层人事安排的猜测、臆测却已满天飞了，这性子也太过急了吧。历经第十八届党代会权力斗争，胡锦涛前总书记和江泽民原总书记各自忍痛接受事实。五年后的党代会将为再决战之战场，则岂能风平浪静呢。

胡·孙体制的设想

纵观中国领导层七人政治局常委班底，表面而言可谓江派获胜。然而，比起虚名的胡可谓更具实权。胡在全辞包括党中央军委主席职务时，以对冲换取抵制江泽民元老路线，继而将两名心腹提至军委副主席，可以说是继续成功掌握军队实权。

据中国消息人士透露，第四代领导人胡的期待是，在习与下届交接之际，将组建自己亲自缔造的团派的第六代领导团队。

胡的蓝图是，将第六代新星胡春华升至政治局委员，在五年后党代会上提升至常委，在十年后的第二十届党代会时顺利接过习总书记的位子，届时将重庆市委书记孙政才提升为总理。

五年后政治斗争烽火再起

习领导团队于五年后，除习和明年预定就任总理的李克强外的五人，都将受六十八岁退休规定而离任，不能确保像江、胡政权时期那样执政二届十年，一般认为激烈的政治斗争烽火将在五年后再次燃起。

关于第六代接班人也有了动静。16 岁考入北大、被称作“小

権時代のように二期十年が保証されたものでなく、五年後に激しい政治闘争が再燃するとの見方が強い。

第六世代も動きだした。十六歳で北京大に入った俊才で「小胡錦濤」とも呼ばれる胡春華氏は、党大会の記者会見で経済問題に明るいことを示した。若さを強調するため多くの指導者が髪を黒く染める中、白髪交じりで公の場に姿を見せ、自然体の親しみやすさを印象づけた。

だが、第六世代活躍の舞台は確実に来るのだろうか。

先日出席したパーティーで、ある外交評論家は「全体主義国が夏の五輪を主催すると九年後に崩壊する」との法則を披露した。一九三六年にベルリン大会を開いたナチス・ドイツは四五年に崩壊。一九八〇年にモスクワ大会があったが、九年後にはソ連崩壊につながるベルリンの壁の消滅が起こったとの指摘だ。

法則によれば、二〇〇八年に北京五輪を開いた中国の鬼門は二〇一七年。まさに、五年後の政変予想の年だ。

■現実味帯びる法則

一党独裁の共産党が生き残るには、政治改革の断行が急務であろう。国民の不満を抑え込んだ経済成長というアメはもう期待できない。だが、法治により党の権限を制限する改革は、既得権益層と化した党内から激しい反発を招く。身を切る改革は、生半可な覚悟ではできない。

権力の座に就いた習氏が唱えるのは「中華民族の復興」や「海洋大国の建設」。内なる改革を進めるより、ナショナリズムの鼓舞で求心力を高める戦略が透けて見える。

デモや抗議は数え切れない。外交は内政のため。その内政が権力のためである限り、「崩壊の法則」は現実味を帯びかねない。

胡锦涛”的俊才胡春华，于党代会新闻发布会上表现出对经济问题见解独到。为强调年轻化，多数领导人都将头发染黑，唯独他发际里夹杂着丝丝白发在公共场合亮相，给大家留下和颜善目的印象。

然而，第六代接班人活跃之舞台是否会真的降临？

日前在我出席的一个聚会上，某外交评论家提出法则性的见解：“独裁专制国家主办奥运会后的第九年终将崩溃。”进而指出，纳粹德国在1936年举办柏林奥运会后，于1945年崩溃，1980年莫斯科举办了奥运会，九年后柏林墙倒塌至苏联解体崩溃。

按如此法则推演，举办2008年北京奥运的中国之鬼门关则为2017年，而五年后正为被推演的政变之年。

稍带现实意义的法则

为了一党独裁的共产党能够生存，其首当其冲的任务是果断地实施政治改革。因为，以往能够成为抚慰民众不满情绪的糖果——经济增长，已经无法期待。

但是，依靠法治来限制党的权力的改革，势必招致党内既得利益阶层的猛烈反击。因此，改革需要奋不顾身，需要义无反顾。

荣登宝座的习近平提倡“中华民族复兴梦”和“建设海洋大国”，透露出其意不在推进内部改革，而以鼓舞民族主义提升向心力的战略意图。

游行和抗议不计其数。外交亦是为了内政，而这个内政仅限于为了权力，“崩溃的法则”是否就很具现实意义呢。

 日本語原文

習氏の軍歴とマイ枕

[2013. 02. 05]

中国トップの習近平総書記は、高官子弟の太子党であることや風ぼうなどから、温厚なボンボンと見られてきた。だが、国内視察などでは、改革の旗を掲げる実務型で親しみやすい指導者としての印象をふりまいている。

■鄧氏の南巡にならう

何よりも世界を驚かせたのは、習氏が昨年十二月七日から広東省の視察に出かけたことだ。広州で経済工作の座談会を主宰し、深圳では鄧小平氏の銅像に献花した。

本来であれば、北京で世界の耳目が集まる重要な中央経済工作会議を開くべき時期であった。その狙いは、改革開放に大きくカジを切った一九九二年の鄧氏の南巡講話に自身を重ね合わせ、改革の旗手のイメージを打ち出すことだったのは間違いない。

鄧氏ばかりがクローズアップされるが、実は習氏の父である習仲勲元副首相は、広東省のトップとして改革開放政策の柱である経済特区を推進した功労者である。

仲勲氏は政治改革を進めた胡耀邦元総書記を擁護する立場を貫き、保守派とぶつかって失脚した過去も持つ。

汚職や腐敗の醜聞ばかりが絶えない太子党にあって、習氏の南巡には、改革志向で清廉な習家の血を民衆にアピールする狙いも潜む。

习之军历和自带枕头

[2013. 02. 05]

在中国领导人习近平总书记身上，我们看到了从有着高官子弟太子党的风度，到温厚少爷的一面。然而，给我们更多的印象是他忙于国内各地视察，高举改革大旗，是一位务实型并颇具亲和力的领导人。

效仿邓小平南巡

让世界震惊的是，去年（2012 年）12 月 7 日习视察广东省，在广州召开了经济工作座谈会，在深圳向邓小平铜像献花。

按理这个时期习应在北京召开举世瞩目的中央经济工作会议，而这次的意图是，仿效 1992 年改革开放大转型之邓小平南巡讲话，其目的无疑是在向民众展示其改革旗手的印象。

大书特书邓小平并非无缘无故。原来，习的父亲原副总理习仲勋作为广东省领导人时，为改革开放事业和经济特区建设做出了重大贡献。

过去，习仲勋因为拥护贯彻胡耀邦所推进的政改，与保守派意见相左，后被迫下台。

鉴于太子党渎职腐败丑闻不绝，习借南巡之际，向民众暗示清廉习家血脉相承的改革志向。

大胆公开私生活

上任后打响的第一炮也与前总书记胡锦涛形成对照。胡在就任工作报告时以惯用的套词指出，坚持邓小平理论和江泽民原总书记的“三个代表”思想。

▩私生活も大胆に公開

就任の第一声も胡錦濤前総書記と対照的だった。胡氏は就任演説の時に、決まり文句のように「鄧小平理論」や江沢民元総書記の「三つの代表」を持ち上げた。

だが習氏は中華民族の偉大な復興というスローガンのほかには、民生改善や汚職腐敗撲滅を訴えただけだ。教条的な共産主義者の顔より、庶民政治家ぶりを印象づけた。

国営新華社通信は昨年末、ネクタイ姿で一人娘を自転車の後ろに乗せて走るユーモラスな写真や、軍所属の国民的歌手である彭麗媛夫人に一目ぼれした逸話などを報じた。最高指導者の私生活の公開が厳しく管理される中国では異例のことである。

地方視察ではシングルルームに泊まり、マイ枕まで持参したという。改革志向の庶民的なリーダーとしての世論づくりには成功したようだ。

▩手ごわいか演出家か

しかし、「中華復興」を唱える強硬派の顔も注意深く見ていく必要があろう。トップ7で軍歴があるのは習氏だけだ。大学卒業後、党中央軍事委員会に就職し、国防大臣の秘書を務めた。軍に気がねしてきた江沢民、胡錦濤の両先輩に比べ、軍とのつながりは深い。裏返せば、対日強硬派の多い軍の意を受けやすいともいえる。

政凍経冷とも言える日中関係の中で、尖閣問題を中国にとって死活的な「核心的利益」と受け止められかねない爆弾発言も飛び出した。

一方、日本の政権交代を受けて、素早く与党公明党代表との会談に応じ、関係改善にシグナルを送った。

真にしたたかで、手ごわい中国指導者なのか。硬軟両様のパフォーマンスにたけた演出家なのか。日本外交には、大人(たいじん)の風ぼうに隠された、その本質を鋭く見抜く眼力が求められそうだ。

而习除以中华民族伟大复兴梦为旗号外,更提倡改善民生、打贪反腐。与教条的共产主义者相比，予人更多的是平民政治家的印象。

国家通讯社新华社于去年末，刊发一组系着领带的习近平骑自行车，带着女儿的幽默温馨的照片，以及对有着军衔的国民歌手彭丽媛夫人一见钟情的佳话报道。对严格防止最高领导人私生活外泄的中国而言实属例外。

据说习近平于地方视察時入住单人房，自带枕头。通过这些舆论宣传，成功塑造了其立志改革、平民领袖政治家的形象。

难对付乎？演出家乎?

而且，似有必要深入关注高唱“中华复兴”之强硬派的一面。七常委中只有习拥有军队资历。大学毕业后就职于中共中央军委办公厅,担任国防部长秘书一职。与对军队有所顾忌的江泽民、胡锦涛两位前辈相比，习同军队关系渊源深厚。反而言之，这也更容易接受对日强硬派居多的军方意见。

在日中关系可谓政冷经凉的当下,据传中国提出尖阁诸岛(钓鱼岛及其附属岛屿）问题对国家来说是生死攸关的“核心利益”这一令人难以置信的爆炸性发言。

另一方面，当日本实现了政权交替后，习近平立即与公明党代表举行会谈，释放出改善日中关系的信号。

真是一位老练的难对付的中国领导人，还是擅长玩软硬兼施把戏的表演家？这就需要日本外交界具有过人的眼力，看穿其君子风范下所隐蔽着的本质。

大型コラム・ワールド観望 ………… ❻ 日本語原文

またも毛沢東の亡霊か

[2013. 03. 26]

中国で、またも毛沢東の亡霊がよみがえってきたかのようだ。毛が、模範兵士の雷鋒をたたえ「雷鋒同志に学ぼう」と大衆運動を発動して半世紀。今春の全国人民代表大会（国会）で完全に中国トップの座についた習近平党総書記が再び、雷鋒賛美を強めている。毛の権威を後ろ盾にするかのように持論である「中国の夢」の実現に走りだした。

■雷鋒同志をたたえる

習氏は、全人代で遼寧省の会議に出席。「向上する鋭気などが、民族のすばらしい神髄の描写である」と雷鋒らの英雄をたたえた。民族の模範にならって、中国の夢をかなえようと熱弁は続いた。

毛沢東が、二十一歳で殉職した雷鋒の人民奉仕の精神を評価し、人民日報で模範兵士として「学ぼう」運動を始めたのは五十年前の三月五日だった。毎年三月には各地で記念行事が開かれてきた。だが、中国指導者にとって、今年は少々事情が違ったはずだ。大衆動員で中央政界復帰に野心をたぎらせ、失脚した薄熙来氏の事件の傷が、まだ癒えてはいない。

薄氏は、打黒（黒社会一掃）と唱紅（革命歌を歌おう）をスローガンに、貧しくとも平等だった毛時代への回帰を訴え、大衆を興奮させた。

権力を奪うため大衆動員する政治手法に、昨年の全人代で、当時の温家宝首相は「文革の悲劇が繰り返される恐れがある」

还要唤醒毛泽东的亡魂吗

[2013. 03. 26]

在中国，毛泽东的亡魂似乎又要复苏了。曾被他称赞过的模范战士雷锋，毛为其发动了时经半个世纪“向雷锋同志学习”的群众运动。今春全国人大会议期间，坐稳宝座的习近平总书记再度加强对雷锋的称赞，欲以毛之权威为后盾，奔向实现其所倡导的“中国梦”。

称赞雷锋同志

习出席全国人大辽宁代表团审议时说:“锐意进取，正是我们民族精神的最好写照”,对雷锋等英雄人物大加赞美。继而持续热烈讨论学习民族的模范，以达到实现“中国梦”的愿望。

毛泽东曾高度评价21岁时殉职的雷锋之为人民服务精神。五十年前（1963年）的3月5日，开始通过人民日报发起向模范战士雷锋学习的运动，每年的3月各地都会举办纪念活动。然而，对中国领导人而言今年的情况则稍有不同。企图利用大众运动实现自己政治野心的薄熙来突然下台，事件本身给各方面带来的影响尚未肃清。

薄以“唱红打黑”口号，鼓吹回归贫匮而平等的毛泽东时代，受到大众的热捧。

在去年全国人大会议上，对薄以夺权为目的大搞群众运动的政治手法，当时的温家宝总理曾指出“文革悲剧有可能重演”，随后愤怒地与薄一刀两断。

と、怒りを爆発させ薄氏を一刀両断にした。

■保守性こそが本質か

今や、胡錦濤前総書記と温前首相は表舞台から去った。習氏は実権を握って初の全人代での演説に「人民共和国は世界の東方にそびえ立っている」と毛をほうふつとさせる言葉をちりばめた。大衆動員路線で、民族の偉大なる復興という強権政治に突き進んでいるように映る。

党大会後、演説に「共同富裕」という薄氏と同じ思想が顔を出した。はじめこそ鄧小平流の改革派や庶民派ぶりをアピールしたが、保守性こそが習氏の本質ではないか。北京の友人は「習氏と薄氏はソリが合わないといわれたが、同じ太子党として中国流の左派的思想では共通する面がある」と話す。

強権的なやり方は、軍事委員会主席掌握の動きにも見て取れる。胡氏が国の軍委主席の座を手放していない段階で、習氏は党の軍委主席の肩書だけで、軍の戦略ミサイル部隊のトップに上将昇格の命令状を手渡した。軍歴を持つ総書記として軍権掌握をいち早く誇示したかったのか。

■金のなる木に目配り

軍を見回すと、作戦や政治工作を担当する「総参謀部」や「総政治部」には胡氏の息のかかった幹部が多い。対して習氏は兵たんや武器調達などを担う「総後勤部」や「総装備部」に、親しい幹部を送り込んでいる。

総後勤部は軍予算や軍経営の企業をおさえている。華やかな作戦指揮とは無縁でも、金のなる木なのだ。

軍重視の強国路線と大衆動員で目ざす「中華帝国」の復興。胡・温政権の見果てぬ夢となった政治改革のたいまつを受け継ぐ政治にはどうしても見えない。

本质就是保守

如今，前总书记胡锦涛和前总理温家宝已退出历史舞台。而全国人大会议上，掌握了实权的习近平，在全国人大会议上的演讲中使用了犹如毛泽东再现的语言“人民共和国屹立在世界的东方”。很显然，习欲通过动员大众，实现他所谓的民族伟大复兴的强权政治。

党代会后，他在一次报告中提到了“共同富裕”，呈露出与薄熙来相同的思想。虽然最初是一派邓小平式的改革派、大众派作风，而保守或许正是习近平的本质。北京友人说“虽然习和薄性格不合，而同为太子党在中国式左派思想上却有共同的一面。”

强权的做法，也可从军事委员会主席的交接上略知一二。在胡尚未完全退出国家军委主席宝座的时候，习在党中央军委主席仅是一个头衔时，却向某军战略导弹部队首长亲授升任上将的任命状。作为具有军队阅历的总书记，是否更想尽快炫耀自己已经掌握军权了呢。

盯住摇钱树

再将视线转至军队方面，在负责作战和政治工作的“总参谋部”和“总政治部”中，受胡影响的干部众多。同样，习向负责后勤和武器调配的“总后勤部”和“总装备部”,派遣了大量亲信。

总后勤部掌控军队预算和部队经营的企业。这里虽然无缘华丽的作战指挥，但却是片摇钱树。

他用重视军事的强国路线和群众运动试图实现复兴“中华帝国”之目标。而我怎么也看不到，他在什么地方继承了胡温政权梦寐以求的政治改革理想的火种。

 日本語原文

中国流のゴルフと水泳

[2013. 06. 25]

米中首脳会談は外交的成果には乏しかったものの、習近平国家主席は、毛沢東を意識してか、自ら熱心な水泳ファンであることを明かした。首脳が通訳だけを連れて散歩した時、オバマ米大統領が「スポーツをしますか」と尋ねると、習氏は「散歩や水泳をします。毎日千メートルは泳ぎます」と答えたという。

■暗殺未遂説も流れる

香港紙などは「通訳が誤って、毎日一万メートル泳ぐと訳し、オバマ氏があぜんとした」とも伝えた。実は、習氏と水泳と言えば、因縁めく話題なのである。

昨年、中国トップを決める党大会を前に、習氏が二週間近く姿を消した。クリントン米国務長官（当時）との会談もキャンセルする異常事態で、北京では暗殺未遂などの臆測も流れ、一時騒然とした。元香港トップらが「水泳中に背中をケガした」と述べ、ようやく沈静化したが、その後も、健康不安説がくすぶっていたという。

中国筋は「深読みしすぎかもしれないが」と言いつつ「首脳会談を利用して、健康不安説を打ち消した」と分析。国内的には「毛沢東や鄧小平らのカリスマ指導者にならい、水泳愛好家であることをアピールする狙い」とも。

■「千メートルは泳ぐ」の裏は

政治中枢である北京の「中南海」のプールで水泳を楽しんだ

中国式高尔夫和游泳

[2013. 06. 25]

虽然美中首脑会谈外交成果平平，但习近平大概意识到了毛泽东吧，故意透露自己是位热心的游泳爱好者。两国首脑仅带着翻译进行散步交流时，奥巴马总统问道："平时做什么体育锻炼？"习的回答是"平时散步、游泳，每天游一千米"。

暗杀未遂的说法也在坊间流传

香港媒体等称"因翻译口误，译成了每天游一万米，奥巴马闻之哑然"。但真正谈起习与游泳，两者之间还真是关系颇深。

去年（2012年），在决定谁来担任中国一把手的党代会前，习的身影忽然消失近两周，其间还取消了与（时任）美国国务卿克林顿的会晤，这实属异常事态。与此同时，在北京传出了习遭暗杀未遂等臆测，一时间骚动四起。香港前行政长官透露"习在游泳时背部受伤"。在这一传说平静之后，又冒出习健康出问题的说法。

中国消息灵通人士透露"这也许都是过度解读造成的"，并具体分析道"通过首脑会谈，健康欠佳的说法自然被否定"。在国内的说法是"习效仿毛泽东、邓小平等具有非凡领导能力的领袖人物，宣称自己是游泳爱好者"。

游一千米的背后

据说喜欢在政治中心北京的中南海泳池游泳的毛泽东，曾十数次挑战横渡长江。

横渡长江被誉为具有"挑战困难，展示勇气"的精神，去年

毛沢東は、十数回も長江横断に挑んだといわれる。
長江横断は「困難に立ち向かう勇敢さを示す」と評され昨年も武漢市の長江で、国内外の愛好者が一・八キロの横断水泳に挑んだ。
鄧小平は、避暑を兼ねて人事構想を練る「北戴河会議」などの際、別荘前の海岸で遊泳していた。
昨年、ロンドン五輪競泳で中国は米国に次ぐ十個のメダルを獲得した。経済成長で子どもの習い事熱が高まる中国では、ピアノや絵画などと並び、水泳も人気だという。
習氏の「千メートルは泳ぐ」発言には、指導者の趣味として歴史があり、太り気味の自身の健康にも良く、国民の支持も得やすいと、深い読みが隠されているのかもしれない。
一方、米大統領は隔週プレーといわれるほど、無類のゴルフ好き。議会から「頻繁すぎる」との批判もある。
振り返れば、中国指導者で最もゴルフを愛したのは、天安門事件で失脚した趙紫陽元総書記。軟禁された後も、自宅で練習していたという。

■ここにも中華思想か

外国人客が中心だった中国のゴルフ場は今や、富裕層でにぎわう。役人でもゴルフを楽しむ人は増えた。だが、ある外交官は「まだ国内では、趣味だと公言はしにくい雰囲気もある」と言う。
ブルジョア的な遊びとの批判への警戒感や、趙氏が愛好したことへのトラウマ（心的外傷）も底流にはありそうだ。
ゴルフの起源は一般的に欧州といわれる。だが、中国ゴルフ協会などは数年前、「北宋時代に、ゴルフの原型に当たる球技『捶(すい)丸』が始まっていた」と発表した。ゴルフの本家はこちらと－。中華思想がチラチラと顔をのぞかせるのが、どうも気になる。

在武汉市，国内外游泳爱好者进行了挑战横渡长江的一千八百米游。

而邓小平则时常趁着避暑兼讨论人事安排的“北戴河会议”之际，在别墅山庄前的海边畅游。

去年伦敦奥运会游泳赛上，中国夺得十枚奖牌，数量仅次美国。在中国随着经济增长儿童技艺学习热高涨，与钢琴、绘画等一样，游泳的人气也十分突出。

至于习游一千米之说，作为领导人的兴趣有史可查。这既有利于发福的身体更健康，也容易获得民众更多的支持，说不定还隐藏着习本人的用意。

而另一方面，据说美国总统是个高尔夫球迷隔周就去打高尔夫，为此遭到美国议会的批评，认为“太频繁”了。

纵观中国领导人中最爱高尔夫的，莫过于天安门事件下台的原总书记赵紫阳，听说软禁期间也在家练球。

难道这里也有中华思想

以前以外国客人为主的中国高尔夫球场，如今却因中国富裕阶层而鼎沸。虽然热衷高尔夫的官员在增加，但某外交官却说，“以目前中国国内的气氛而言，还不适合公布自己有打高尔夫的兴趣。”

主要是因为担心被批为资产阶级的娱乐，并且赵紫阳这一嗜好留在心灵的创伤仍在隐隐作痛。

通常都说高尔夫起源于欧洲。而在数年前中国高尔夫协会发表称，“北宋年代开始就有高尔夫原始型的球技运动，称为捶丸。”原来高尔夫的祖先在中国！这若隐若现地暴露了中华思想。我的心一下子悬了起来。

 日本語原文

刑は大夫に上らずか

[2013. 08. 06]

中国の古典には「刑は大夫に上らず」との言葉がある。高官は罰せられないという。その一方、中国では権力闘争に敗れた高官が収賄で政界から葬り去られ、懲役刑となったケースは多い。失脚した薄熙来・元重慶市党委書記が収賄罪などで起訴された。裁判の行方はどうなるか。

■「二陳事件」との違い

中国メディアは、薄被告が巨額の収賄、横領、職権乱用の三つの罪で起訴されたと伝える。重慶市の内部会議では、収賄二千万元、横領五百万元の計二千五百万元（約四億円）に上ると報告された。

中国の権力闘争では、「二陳事件」が記憶に新しい。

一九九五年に北京市トップだった陳希同・元市党委書記が、江沢民党総書記と対立し、汚職で逮捕され懲役十六年の判決を受けた。胡錦濤党総書記に挑戦した陳良宇・元上海市党委書記は収賄と職権乱用で逮捕され、二〇〇八年に懲役十八年の判決を受けた。いずれも時の最高指導者との権力争いに敗れ、収賄などで獄につながれた。だが、党や国家を敵に回した“反乱”とまではいえないだろう。

■文革再来におびえる

これに対し、薄事件は「打黒（マフィア撲滅）」「唱紅（革命歌を歌う）」の大衆動員キャンペーンで、安定団結を何よりも

刑不上大夫否

[2013. 08. 06]

中国古典有“刑不上大夫”之说，意思是位居高官者不受刑罚之苦。另一方面，在中国败于权力斗争的高官，因受贿而葬送政治前途、被叛刑的事例不在少数。原重庆市委书记薄熙来落马后因受贿罪等遭到起诉，而其最终会受到何等裁决呢。

与“二陈事件”之异处

据中国媒体报道，被告薄熙来以巨额受贿、挪用公款、滥用职权三宗罪遭起诉。据重庆市内部会议的报告，其受贿二千万元，挪用公款五百万元共二千五百万元（约四亿日元）。

说到中国的权力斗争，“二陈事件”依然让我记忆犹新。

1995 年北京市一把手、原北京市委书记陈希同因与江泽民总书记对抗，被以贪污等罪名逮捕并被判处十六年有期徒刑。而挑战胡锦涛总书记的原上海市委书记陈良宇则被以贪污受贿、滥用职权罪逮捕，于 2008 年被判十八年有期徒刑。不管何人与时任最高领导人权斗失败，都会以受贿等罪名锒铛入狱。尽管如此，也不至于称他们是与党和国家为敌的“叛乱分子”吧。

文革再来的梦魇

相反，薄事件是通过发起“唱红打黑”等群众运动，向素来重视安定团结的党的独裁体制发起公然挑战。

以包庇、纵容黑社会为由，判处原司法局长死刑，如此“打黑”运动导致了诸多冤假错案。而怀念过去虽贫穷但平等的“唱红歌”运动，则点燃了社会底层对贫富差距的愤怒的火焰。可以

重んじる党の独裁体制に公然と歯向かった。
マフィアとのつながりを理由に市の元司法局長まで処刑した「打黒」は多くのえん罪も生んだ。貧しくとも平等な社会を懐かしむ「唱紅」は格差にあえぐ庶民の恨みや怒りの気持ちに火をつけた。党指導部は、おぞましい文化大革命の再来におびえたといえる。
温家宝前首相が「文革の悲劇が繰り返される恐れがある」とまで言ったことは、薄の手法を集団指導による共産党独裁への挑戦と受け止めたからにほかならない。
今でこそ「いかなる形式の個人崇拝も禁止する」と党規約はうたい、総書記は指導者たちの兄貴分的な存在だ。だが、個人崇拝の時代、毛沢東との権力闘争は“反乱”とすらいえるものであった。
毛は一九六六年八月に「司令部を砲撃せよ」と題した大字報（壁新聞）を発表して文化大革命を発動。最大のライバルと見なした劉少奇や、後継者とした林彪を死に追いやった。
それでは、薄の“反乱”は、どう裁かれるのか。
「礼記」にいわく「礼は庶人に下らず、刑は大夫に上らず」。法の下の平等をうたう今でも、党高官は党籍はく奪により初めて、一般国民として刑法の裁きを受ける。

▩政治性の矮小化も

薄の罪状に、妻の殺人への関与や、米国亡命を企てた元部下への政治責任などは見当たらない。文革の手法による党中央への反乱という政治性を薄め、「二陳事件」と同じように、汚職に矮小（わいしょう）化して懲役刑で裁く狙いも見え隠れする。
一方、汚職の最高刑は死刑で、中国法律家の間には「執行猶予付き死刑」との見方もある。中国を揺さぶった政変として「刑は大夫に上る」のだろうか。

说，党的领导层对令人不快的文化大革命卷土重来感到畏惧。

前总理温家宝已经提出“文化大革命这样的悲剧还有可能会重新发生”，因为薄的手法就是挑战依靠集体领导的共产党独裁。

至于现在才提倡党规党章所规定的“反对任何形式的个人崇拜”,足以体现总书记是领导层里的大哥大。然而在个人崇拜的时代，只要与毛泽东进行权力斗争，就是“叛乱”。

1966 年 8 月毛发表了“炮打司令部”的大字报,发动了文化大革命。之后追杀被视为最大对手的刘少奇、及被钦定为接班人的林彪。

那么，薄之“叛乱”又该如何裁决呢?

礼记载有“礼不下庶人,刑不上大夫”。而在提倡法律面前人人平等的今天，对党的高官先是开除党籍，然后作为一般百姓再加以刑事审判。

又将政治性放低

在薄的罪状中，我们没有看到关乎其妻杀人、及原部下试图亡命美国的政治责任。按文革的手法，均淡化了其对党中央“叛乱”的政治性。薄事件与“二陈事件”相同,(政府）企图以贪污事案为幌子将事情矮小化，也求给出量刑判决。

与此相反，贪污受贿罪最高刑罚为死刑，而中国法律界专家也有人主张死缓。若因动摇中国实施政变，是否就可以“刑上大夫”了呢。

「文臣銭を愛せず」ば…

[2013. 09. 17]

十九日に中秋節を迎える中国で、風物詩でもある「月餅商戦」が低調だ。高級で度数の強い白酒の売り上げも落ちこみ、高級レストランの閉店も相次ぐ。習近平指導部が昨年十一月からスタートさせた、接待の簡素化や節約励行を求める綱紀粛正の大号令が、社会と経済を直撃している。

■高級月餅ほど売れぬ

中秋節に、月に見立てた丸く平たい菓子「月餅」を贈りあうのは中国の古くからのしきたり。メンツを重んじる中国社会では、月餅商戦は年々、ヒートアップしてきた。

昨年までは、庶民が買い求める小豆あんやクリなどが入った一般的な月餅だけでなく、ホテルではフカヒレやアワビなどの高級食材を使った一箱数万円の月餅も売れた。

今年は一転。北京の友人は「高級な月餅ほど、売れていないよ」と言う。

綱紀粛正令への追い打ちもあった。党中央規律検査委員会は中秋節を前に、公務員が公費で月餅を購入することや派手な飲食を禁じる通知を出した。

高級役人の豪華宴会につきものの白酒にも余波が。昨年一本三万円はしたマオタイ酒は、店によっては二万五千円程度に値下がりしている。

習指導部は「トラとハエを共にたたく」と公言し、重慶市元トップの薄熙来被告ら大物政治家の収賄事件も次々と摘発。一

倘若“文臣不爱钱”

[2013. 09. 17]

9 月 19 日中国将迎来中秋节，而堪为一道风景线之“月饼商战”则格外低调。此外，高度数的高档白酒的营业额直线下降，高级餐厅亦陆续关张。去年（2012 年）11 月开始，习近平领导团队为整肃纲纪发出厉行节约的大号令，直接冲击了社会和经济。

高档月饼再也卖不出去

每逢中秋佳节，亲朋好友间相互馈赠形如圆月的点心——月饼，是中国自古以来的习俗。而在重视面子的中国社会里，月饼商战年年不断，愈演愈烈。截至去年为止，市场上不但有深受百姓欢迎的豆沙、栗子等普通月饼，宾馆里还有一盒数万日元以上，以鱼翅鲍鱼高档食材所制成的月饼，且颇为畅销。

而今年是乾坤一改。听北京朋友说，“高档月饼卖不动啦！”

整肃令下，追打从严。中秋前夕，中纪委发出通知，禁止公务员用公费购买月饼和公款大吃大喝。

同时受波及的还有高官豪宴用的白酒。去年原本三万日元一瓶的茅台酒，时下按店家不等每瓶降至二万五千日元左右。

习领导团队的公开宣称“老虎苍蝇一起打”，重量级政治人物原重庆市一把手薄熙来等贪腐事件也相继遭至揭发，这也使平时享受惯了动辄一桌人均数万日元宴会的党政官员们胆战心惊。

整肃、景气两兼顾

曾获巨额利润的高级餐厅“湘鄂情”，7 月宣布关闭包括北京市内的八家酒楼。据悉今年上半年度赤字为三十五亿日元以上。

人当たり数万円もする宴会を、平然と開いてきた党や政府の役人を震え上がらせている。

■粛正と景気の兼ね合い

巨額な利益を得てきた高級レストラン「湘鄂情（しょうがくじょう）」は七月、北京市内など八店舗を閉鎖すると発表した。今年上半期の赤字は三十五億円以上にもなったという。

中国紙記者によると、腐敗役人が外国製の高級ブランド時計などを身に着けなくなったという。そうした役人の身元情報をネット上で暴き、摘発につなげる「人肉捜索」という汚職役人探しが広まっているからだ。

今年春の全国人民代表大会（全人代）の発表ですら、二〇一二年までの五年間に汚職で立件された公務員は二十二万人近くに上る。もしも不正追及の手を緩めれば、格差にあえぐ民衆の怒りは、一気に指導部批判に向けられるだろう。

だが、右肩上がりだった中国経済は減速に転じた。綱紀粛正と景気との兼ね合いという難問も立ちはだかる。

昨年末（十～十二月期）7.9％になった国内総生産（GDP）の実質成長率はじりじり下がっている。指導部がどの程度まで景気減速を許容できるかは不透明だ。

■前門の虎、後門の狼

歴史を振り返れば、南宋時代の非運の武将、岳飛は「文臣銭を愛せず、武臣死を惜しまざれば、即（すなわ）ち天下平らかなり」との言葉を残した。中国指導部はまず、民衆に顔を向け、文臣の汚職撲滅に切りこんだ。だが、既得権益層の抵抗との戦いは、これからが正念場だ。

その後は、成長鈍化が社会に及ぼす悪影響との戦いが待ち受ける。綱紀粛正は「前門の虎、後門の狼（おおかみ）」との戦いである。

据中国媒体记者介绍，腐败官员们开始收起往日佩戴的外国高档品牌表等。这是因为某类似官员的个人信息被上网曝光，并扩大至对贪腐官员的揭发，连带“人肉搜索”追逃追赃。

今春全国人大发布的统计为，至2012年五年间因贪腐而被立案的公务员人数接近二十二万。如果放松对贪官的追究，那么苦于贫富差距的民众之怒气，岂不要一下子转向批判领导层方向而去。

然而，迅速崛起的中国经济转向减速增长。中国正处于既要整肃纲纪又要刺激经济景气、两者必须兼顾的两难境地。

去年底（10月至12月间）达到7.9%的中国国内GDP实际增长率开始逐渐下降。而领导层对经济的减速容忍程度则尚不明确。

前有虎、后有狼

回顾历史，南宋时代非常不走运的武将岳飞有句名言，“文臣不爱钱，武臣不惜命，天下当太平。”中国领导层应首当面向民众消灭文臣的贪腐。然而，与既得利益层的抵抗做斗争还刚刚开始。

在那以后，还有一场与低速增长给社会带来的负面影响展开的斗争。整肃纲纪可谓“前有虎、后有狼”之战矣！

習氏の「整風運動」とは

[2013. 11. 05]

中国共産党トップの習近平総書記が、保守的な政治キャンペーンを強めている。言論統制や自己批判が特徴で、毛沢東が一九四〇年代から発動した「整風運動」を想起させる。胡錦濤・温家宝時代の政治改革路線に対し、習氏は支持基盤の保守的な高官子弟「太子党」を中心に、求心力を高める「大衆路線」の戦略を鮮明にし始めたといえる。

■「人民の党」に回帰

北京では十月十五日、習総書記の父、習仲勲元副首相の生誕百年に合わせて功績をたたえる座談会が開かれた。それに先立ち、人民日報は仲勲氏の文集などの出版を報じ「輝かしい業績、革命精神、崇高な風格を学び、追想するものだ」と持ち上げた。

中国紙記者は「元副首相レベルでは異例のキャンペーンであり、総書記の父であればこそ。太子党を中心に政権基盤を固めようとするものだ」と分析する。北京では最近、ひそかに太子党グループの会合が開かれているという。

整風運動は、「学風（学習態度）」「党風（党の活動姿勢）」「文風（言論のありかた）」の「三風整頓」を軸に展開された。習政権の保守回帰は、「人民の党」の原点を国民に訴えることを主眼にしているといえる。

■矛盾は「自己批判」で

中国政府は国内二十五万人の記者らに「マルクス主義報道

何为习的“整风运动”

[2013. 11. 05]

中国共产党一把手、总书记习近平开始着手强化带有保守色彩的政治运动。该运动以言论管控和自我批评为特征，不禁令人想起上个世纪四十年代毛泽东发起的“整风运动”。相对胡锦涛、温家宝时代的政治改革路线，习将保守的高干子弟“太子党”作为支持自己权力的中心基础，以“大众路线”获取更大向心力的战略意图开始渐露端倪。

回归“人民的党”

（2013 年）10 月 15 日，正值习的父亲原国务院副总理习仲勋诞辰一百周年，北京举行了赞美其功绩的座谈会。

之前，人民日报发表了习仲勋文集出版的消息，并高度称赞：“深入学习缅怀习仲勋同志的光辉业绩、革命精神和崇高风范”。

中国记者分析，“作为原副总理级别的宣传活动实属破例，这因为他是总书记的老爷子。这些全是为了稳固太子党为中心的政治根基。”听说太子党的高干子弟最近在北京悄悄地搞了聚会活动。

所谓整风运动以“学风（学习态度）、党风（党的活动状态）、文风（言论方式）”三风整顿为中心进行展开。可说是习政权回归保守，主要目的是告诉民众“人民的党”已复归其原点。

通过“自我批评”解决矛盾

中国政府对国内二十五万名记者，规定其必须参加“马克思主义新闻观”学习培训，并于来年实施统考，不合格者不予更新记者证。

観」などの研修を義務づけ、来年実施する統一試験で合格しなければ記者証の更新をしないと決めたという。

九月下旬には、最高指導部の政治局常務委員らが全国行脚し、地方の党・政府幹部が「命懸けで仕事をする意気込みに欠けていた」などと、「民主生活会」で自己批判するのを見守ったという。

毛沢東は著書「矛盾論」の中で「党内の矛盾は、批判と自己批判の方法で解決される」と述べた。だが、歴史を振り返れば、自己批判の場とされる「民主生活会」は権力闘争の舞台でもあった。

権力中枢の「中南海」で一九八七年、改革派の胡耀邦元総書記が「民主生活会」で一日五～六時間、一週間以上も保守派からつるし上げをくい、最終的に解任された。

この時、批判の急先鋒(せんぽう)に立った一人が、「重慶の乱」で失脚し、無期懲役が確定した薄熙来被告の父、薄一波元副首相。一方、胡錦濤前総書記が師と仰ぐ胡耀邦の擁護に回ったのが、保守色を鮮明にする習総書記の父、習仲勲であったのは歴史の皮肉か。

▩言論弾圧と政敵粛清

胡前総書記直系の李克強首相は「リ（李）コノミクス」などの経済改革を突破口に、政治改革に切り込もうと意欲を燃やしているようだ。

一方、習総書記の保守回帰は、「整風」で引き締めを図るほか、腐敗撲滅やぜいたく禁止令などで国民の不満を抑え、党の求心力を高めようとしているように映る。

いずれも中国の将来を見すえた戦略であろうが、総書記と首相の「同床異夢」が際立つことは否定できない。

二十一世紀の「整風運動」では、過酷な言論弾圧や政敵の粛清につながった毛沢東整風の負の側面も忘れてほしくない。

9月下旬，最高领导层的政治局常委们奔赴全国各地，参加并指导地方领导班子的专题“民主生活会”,有的地方党政干部还就自己“缺乏苦干实干的拼命劲头”等，开展了深刻的自我批评。

毛泽东论著《矛盾论》中指出,“党内矛盾必须以批评和自我批评的方式予以解决”。然而纵观历史，以展开自我批评为主的“民主生活会”，又何曾不是权力斗争的舞台呢。

1987年，在权力中枢的中南海，曾担任中共总书记、改革派的胡耀邦，经受了每天五六个小时，长达一周以上的“民主生活会”，被保守派围攻问责，最终被迫辞职下台。

这个时期，批判的急先锋为一人、那就是因“重庆之乱”落马、被判无期徒刑的薄熙来之父——原副总理薄一波。然而，拥护前总书记胡锦涛自诩为恩师的胡耀邦，恰恰是保守色彩浓重的习总书记的父亲——习仲勋。难道这是历史的嘲弄吗?

镇压舆论和肃清政敌

前总书记胡锦涛直系的李克强总理，似乎有着这样的高涨热情：以切入政治改革作为“克强经济学”等经济体制改革的突破口。

然而，习总书记回归保守，除通过“整风”意以团结中央内部以外，更要通过消除腐败、禁止铺张浪费等（行动）以抑制民众的不满，反映出其欲提高党的向心力的决心。

无疑这些都是着眼于中国未来的战略方针，但是总书记和总理“同床异梦”的现象难以否认。

在二十一世纪的“整风运动”中，希望今天的领导人不要忘记，毛泽东过于严酷的舆论镇压和政敌肃清整风所造成的负面影响。

 日本語原文

「未富先老」の恐ろしさ

[2013. 12. 17]

世界でも珍しい人口抑制策「一人っ子政策」を続けてきた人口大国の中国が政策転換に踏み切った。夫婦どちらかが一人っ子であれば二人目の出産を認める。急激な少子高齢化により労働人口が減少に転じたことが背景にある。

■労働人口減少に転換

中国で「計画生育」ともいわれる政策は改革開放政策と歩調を合わせ、一九七九年にスタートした。都市住民は夫婦一組に子ども一人が原則とされた。世界は驚いた。少数民族や農村では例外も認められたが、違反者には罰金が科され強制堕胎まであった。中国の地方都市を歩くと、役所などの前に「国家の富強と家庭幸福のため、計画生育を実行しよう」というスローガンが大きく掲げられているのが目についたものだ。

中国政府は今や、人口の幾何級数的な増大に頭を悩ませていた時代と正反対の事態に直面。二〇一一年に約九億四千百万人とピークに達した労働人口（十五～五十九歳）が、昨年は約九億三千七百万人と初めて減少に転じた。

世界第二位の経済大国の成長を支えてきた労働人口について、国連は今後、減少が続くと予測している。

中国の学者が警鐘を鳴らしているのは「未富先老」（豊かになる前に老いる）の時代に突入したという恐怖だ。急速に発展していた日本経済も一九九〇年代に少子高齢化が進み、停滞し始めた。

“未富先老”的可怕之处

[2013. 12. 17]

人口大国中国决心一改其独有的控制人口的“计划生育”政策，允许一方是独生子女的夫妇可生二胎。其背景为急剧产生的少子高龄化问题所带来的劳动人口短缺。

转为劳动人口的减少

中国的计划生育政策，是为配合改革开放政策的步伐，于1979年出台的共规定城市居民一对夫妇仅生一胎。当时全世界为之震惊。按规定，除少数民族和部分农村，对违反计划生育政策者除实施罚款外，还要求强制堕胎。无论去中国任何一个地方城市，首先映入眼帘的便是政府机构前的大幅标语:“为国家富强和家庭幸福，请实施计划生育。”

时至今日（2013年），曾对人口几何级数增长而头痛不已的中国政府,却不得不面对一个与之截然相反的问题。2011年劳动人口（15岁至59岁）峰值达九亿四千万人，而去年首次减至九亿三千七百万人。

联合国预测，支撑世界第二大经济体成长的劳动人口，今后将持续减少。

中国学者发出了警告，担心突然到来的“未富先老”时代会产生可怕的后果。高速发展的日本经济、正是由于1990年少子高龄化问题而开始出现停滞。

政策效果是有限的吗

此次针对计划生育政策的调整,是在秋季召开的重要会议“三

■政策効果は限定的か

政策転換は秋の重要会議「三中全会」で打ち出された。だが、二〇〇二年には一人っ子同士の夫婦に第二子を認めるという政策転換をしており、関係者の間では「効果は限定的」との見方が強い。特例により農村では一人っ子の親が少ないため、緩和策の対象となるのは都市住民が中心。中国はその数を一千五百万～二千万人と見込んでおり政策変更で増える新生児は年百万人程度と予測される。

この数字は日本と同程度であり、十三億人を超える人口大国の労働人口の不足を解消するには焼け石に水と言わざるをえない。成長のエンジンも大切だろうが、一人っ子政策のひずみが深刻である。

とめどない格差が広がる中国で、「産みたくない」と考える若い親が増えていることを見逃してはならない。

この秋に訪れた上海では、幼稚園の費用は月三万円にも。特別な教育を売り物にしたり外国人も受け入れる園は、月十万円を超えていた。不動産価格は年二割程度急騰しており、分譲マンションを見学していた共働き子どもなしの「丁克（ディンクス）」カップルですら「子育てにお金を回す余裕はない」。

■何よりひずみ解消を

「社会扶養費」という名目で徴収してきた罰金を、役人が接待費に流用する不正も後を絶たない。農村では儒教思想や労働力確保の面から男児が歓迎され、女児は生まれても「黒孩子(黒い子)」として戸籍に登録されないことも。男女比がいびつになり、今や結婚できない男性も増えている。

労働人口確保の前に、一人っ子政策で生み出された社会的なひずみの解消が焦眉の急ではないか。

中全会”上进行的。然而，早在2002年，政策就有过调整，规定双方均是独生子女的夫妇可生二胎，有关人士表示执行以来，“效果十分有限”。按照规定，在农村，夫妻一方独生子女情况较少，因此能够享受缓和政策的大多以城市居民为主。据预测，在中国将有一千五百万至二千万人符合生二胎政策，因政策变化而增加的新生儿预计每年有一百万人左右。

这个数字虽与日本大体相同，但对于试图解决超过十三亿人口大国的劳动人口不足情况无疑是杯水车薪。由此可见，社会成长的原动力何其重要，而独生子女政策的负面影响极为深刻。

不可忽视的是，在贫富差距不断扩大的中国，“不想生”的年轻夫妇越来越多。

我在这个秋天走访了上海，得知幼儿园每月的费用要三万日元。而另一些包含特别的早期教育内容、并接受外国儿童的幼儿园，每月费用竟超过十万日元。中国每年的房价以20%急速攀升，正在参观售楼楼盘的双职工“丁克”夫妻感叹道:“实在没钱抚养子女啊！”

消除负面影响至关重要

难以杜绝的是以“社会抚养费”名义征收的罚款都被挪用当为公款接待费。在农村，由于受儒家思想影响和要保证劳动力，他们普遍喜欢男孩，女孩生下后不上户籍的“黑户口”现象也很严重。在男女比例失衡下，至今无法成婚的男性人数在不断上升。

在确保劳动人口之前，消除计划生育政策所带来的社会负面影响已迫在眉睫了。

日本語原文

習近平氏肉まんを買う

[2014. 02. 04]

■庶民派アピール

庶民は度肝を抜かれたろう。最高指導者が肉まん店に現れ、二十一元（約三百七十円）の代金を支払って六個の肉まんを平らげたのだから。党機関紙は「簡素な食事は社会の模範」と持ち上げるが、総書記が肉まんに込めた思いはそんなに甘いのだろうか。

「どんな具の肉まんがおいしいの？」

「豚肉ねぎ入りです」

「では、それとレバー炒めを。野菜もあるかな」

北京市西郊外の慶豊包子舗に昨年十二月二十八日、突然姿を現した習近平総書記と女性従業員のやりとりを、中国紙は興奮気味に伝えた。自分で二十五元を支払い、四元のお釣りを受け取った総書記に、女性は「お口に合いますか？」と聞いたという。答えは、庶民派を任じる総書記の面目躍如。「とてもおいしいよ。ただ、庶民が口に入れる食品の安全には絶対に注意しないといけないよ」

党機関紙・人民日報社説は「民衆との感情ますます近く」と、党や政府の幹部の浪費を戒め節約を求める総書記の率先垂範ぶりをたたえた。

■総書記へ倣え

出張へのマイ枕持参や執務室の家族写真など、総書記の庶民派ぶりを語るエピソードは多い。中国紙記者は「庶民的な肉ま

习近平买肉包子

[2014. 02. 04]

出演平民派

最高领导人出现在包子铺,付上二十一元钱吃了六个包子,这让老百姓大吃一惊。党的机关报立刻将之吹捧为“简朴就餐，再次为全社会树立行动典范”。

总书记对肉包子注入的感情真是那么甜美吗?

“什么馅的包子好吃？”

“猪肉大葱的吧。”

“好，来一份，再加一碗炒肝，有什么蔬菜？”

这是去年（2013 年）12 月 28 日,突然现身于北京西郊外庆丰包子铺的习近平总书记与女店员的一番对话。中国媒体兴奋地传颂着这一切。总书记亲自掏出二十五元钱又收下四元找零，女店员接着问道:“我们的包子合您口味吗？”紧接着的回答让总书记更显平民气息而名声大噪。“很好吃啊,但一定要注意食品安全。老百姓吃到嘴里的东西要保证安全。”

党的机关报人民日报在社论中称“离群众的感情越来越近”,总书记堪称党和政府干部中破除浪费、厉行节约的表率。

效仿总书记

出差带枕头，在办公室摆放与家人的合影等等，最近，有关总书记平民印象的佳话连连不断。中国报纸的记者讲到:“走访普通老百姓光顾的包子铺，其目的性一定是总书记自己考虑过的。”消息在网上速为流传，国家通讯社新华社和人民日报匆匆赶去采访，又匆忙发出报道，除了几个心腹之外，其他人一概不知事先

ん店訪問は、狙いがあって総書記自身が考えたことだろう」とみる。ネットで広まり、国営新華社通信や人民日報の記者がおっ取り刀で取材に駆け付けたことからも、側近以外は事前に計画を知らされていなかったとみるのが自然であろう。

最近、江蘇省の重要会議を取材した南京の夕刊紙は「会場のバイキング昼食では、総書記が食べたような肉まんが出された」と報道。党機関紙だけでなく地方の党や政府も早速、総書記の節約ぶりに右へ倣えといった様相だ。

庶民には異なる受け止め方もある。安徽省の三十七歳のフリーターは「指導者でも自分で並んで食事代を払うのは当たり前。中国人は騒ぎ過ぎ」と冷ややか。

上海の外資系企業に勤める四十九歳の女性はさらに辛辣(しんらつ)だ。「お笑い草。偉い人が格好つけているだけ」

▩「笑中に刀あり」

もっとうがった見方も浮上している。香港では一月に入り「党中央は日本制裁より周永康事件を優先する選択をした」との論評が流れ始めた。

人民日報が「政冷経涼」とまで評した日中関係への対処より、党中央トップ級の政治局常務委員まで務めた周永康氏の汚職疑惑追及を優先させる決意を固めたというのだ。

これまで、政治局常務委員まで上り詰めた人物の疑惑に踏み込まないのが、中国共産党の不文律といわれた。「トラもハエもたたく」と汚職撲滅に取り組む意志を示した習総書記。質素廉潔を演出する肉まん店訪問の最大の狙いは、禁を破っての超大物トラ退治に、庶民の共感を得たいとも読み解ける。

古典十八史略には「笑中に刀あり」という。満面の笑みで庶民と食した肉まんの具は、腐敗撲滅の意志という決して甘くない刃(やいば)なのかもしれぬ。

的计划，显得既自然又得体。

最近，南京某晚报采访江苏省一个重要会议后，在报道中写道：会场里是自助午餐，还摆出了总书记品尝过的包子。不仅仅是党的机关报，地方的党政机关都争先恐后效仿总书记厉行节约的样子。

而老百姓中也有不同的理解。安徽省 37 岁的自由职业者认为，“即使领导人排队自费吃饭那也是当然的事情，中国人太大惊小怪啦。”

在上海外企工作的 49 岁女白领认为，“太搞笑了！这都是领导人摆摆样子的。”

“笑里藏刀”

更有一针见血的说法，1 月香港有评论指出：“党中央选择了优先处理周永康事件，之后考虑对日本的制裁”。

与处理被人民日报评为“政冷经凉”的日中关系相比，中央更迫切需要解决原政治局常委周永康的贪污腐败案。

迄今为止，对位至政治局常委不加追查中共不成文的规矩。习总书记为显示“老虎苍蝇一起打”的反腐意志，我们且可以做出这样的解读，习近平为展现朴实廉洁形象，到访包子铺之最大目的是，打破政治禁条，逮捕超级大老虎，以获取人民百姓的认同感。

典籍十八史中载有“笑里藏刀”之说。然而习以满脸笑容与民众一起所吃的肉包子的馅儿，说不定就代表了一把消灭腐败意志的斩无赦之大刀。

日本語原文

習総書記は新「俳優王」

[2014. 03. 18]

■マスクを着けず

中国の習近平党総書記が新たな「映画俳優王」ともいえる親民政治のパフォーマンスを武器に、権力を掌握した印象が強い。災害や事故の現場にいち早く駆けつけ、庶民の心情に寄り添って涙する姿から「映画俳優王」と呼ばれた温家宝前首相のお株を奪う手法を多用し、中国のトップ7から一歩抜け出した。

庶民政治家を印象づける習氏のパフォーマンスは、当初から際立っていた。新華社通信は、習氏が党総書記に就任した後、ネクタイ姿で一人娘を自転車の後ろに乗せて走るユーモラスな写真を配信。

習氏は、四川地震の被災地に出向いて母親が抱く幼児にほおずりし、昨年末には北京市内の肉まん店に突然現れ、自分で二十一元（約三百七十円）の代金を支払って六個の肉まんを平らげた。

最近では、大気汚染に煙る北京市内をマスクなしで歩き、党機関紙・人民日報などが「同じ空気を吸い、命運を共にしている」と持ち上げた。

党と国の最高ポストについて一年余。大衆世論を味方につけて権力基盤を固めようとした習氏の戦略は、見事に成功したといえる。

■大衆に支持求め

庶民的な指導者の演出に腐心した背景には、新中国で初めて

习总书记是位新“影帝”

[2014. 03. 18]

不戴口罩

中国习近平总书记，以新“影帝”的亲民政治的表演为武器，给人一个大权在握的强烈印象。灾害、事故后第一时间赶赴现场，情系人民泪水盈眶，是早先被称作为“影帝”的前总理温家宝最擅长的做法。习近平汲取了温的做法，继而从七常委中脱颖而出。

习为加深平民政治家印象的表演，在其登场之初已显露端倪。新华社在习就任中央总书记之后，便在报道中刊发了他系着领带、带女儿骑自行车的幽默照片。

在四川地震灾区，习向母亲怀中的小孩施以亲抚。去年(2013年）末突然现身北京市内的包子铺，自掏腰包付二十一元钱买了六个包子并吃得干干净净。

最近又出现其不戴口罩在雾霾笼罩下的北京市内行走的照片，人民日报等党的机关报将此奉迎为“同呼吸，共命运”。

作为党和国家最高领导人，为迎合大众口味，巩固其权力基础，这一年多来习的战略可谓非常成功。

寻求民众的支持

之所以煞费苦心扮演为平民领导者，可能因为他是新中国首个未经领袖型领导人保驾护航而成为一号人物，所以心中还是有些不安吧。

胡锦涛、江泽民俩均为领袖型领导人邓小平钦定而起家的。习在共产党独裁体制里既无上面钦定，又非民选，因此不得不在看不见摸不着的舆论空气中为自己成为一把手寻求正统性支持。

カリスマ指導者のお墨付きなしで誕生したトップという不安定さがあろう。

胡錦濤、江沢民の両政権は、いずれもカリスマ指導者だった鄧小平氏の事実上の指名で発足している。共産党独裁体制で上からの権威付けもなく、民主的な選挙で選ばれたわけでもない習氏は、トップに立つ正統性を空気のような世論の支持に求めざるを得なかったといえる。

親民政治の演出のほかに、習氏の政治力を高めたのが、「トラもハエもたたく」と打ち出した反腐敗キャンペーンと中央八項規定に代表される倹約・綱紀粛正策。二〇一三年だけで処分された党員や官僚は十八万人に上るという。

ある中国人学者は「知恵のある政治家なら庶民の腐敗に対する憎しみを利用し、政治的な英雄になろうとする」と指摘する。庶民が格差や腐敗にもがき苦しむ中国社会で、それは反対されることのない正義だからである。

総書記に選ばれた際には「敵が少なく反対されない男だから」と手厳しい批判も受けた。今月の全国人民代表大会（全人代）では、ナンバー２の李克強首相が政府活動報告の演説を「中国の夢の実現に向けて努力奮闘しよう」と習氏の持論で締めくくった。

■６人に水あける

今の中国は一党独裁ではあっても個人の独裁は許されず、総書記も「トップ七人の兄貴分」と言われてきた。しかし、習氏は完全に後に続く六人に水をあけたといえる。

習氏は党中央が新設した組織である「全面深化改革領導小組」や「国家安全委員会」のトップにも就き、実権を握った。権力闘争にほぼ勝利した今、本当に力強く改革を進めるのか、見え隠れしていた保守的な強権政治があらわになるのか。今後の中国の行く末を決めるカギとなろう。

除了亲民政治表演外,“老虎苍蝇一起打”的反腐运动、厉行节约、整纪肃纲的中央八项规定，提升了习的政治力量。据说仅2013年被处分的党员和官僚就达十八万人以上。

有中国学者指出“有智慧的政治家都会利用民众对腐败的痛恨,继而一跃成为政治英雄。”因为在百姓饱受贫富差距和腐败之苦的中国社会，这是一件天经地义的正义之举。

在被选为总书记时曾有人尖刻地评道:“这是因为此人对手极少,没有人会反对”。在本月召开的全国人民代表大会上，二号人物李克强总理在政府工作报告中以习的理论——“为实现中国梦而努力奋斗”作为结尾。

六人之中遥遥领先

今天中国虽是一党独裁，却不允许个人专权，总书记被称为“七常委中的大哥大”。然而，亦可说是习与另外六常委完全拉开了距离。

习担任党中央新设立的“全面深化改革领导小组”和“国家安全委员会”的组长，并亲掌实权。在权力斗争基本胜利的今天，习近平是真正强力推进改革，还是继续玩弄他那忽隐忽现的保守的强权政治，这是决定中国今后走向何方的关键。

 日本語原文

腐敗撲滅には漢方療法

[2014. 04. 29]

■中国古典が説く

中国の習近平政権が「トラもハエもたたく」と拳を振り上げた汚職撲滅。昨年だけで十八人もの閣僚級高官が取り調べを受け、共産党トップ指導部の元政治局常務委員にも捜査が及ぶとの観測が流れている。だが、役人の摘発という対症療法だけでなく、官が民を食い物にしてきた歴史的な社会構造にメスを入れられるかどうかが、習政権の命運を握るのではないだろうか。

中国の古典・大学には「聚斂(しゅうれん)の臣あらんよりは、寧(むし)ろ盗臣あれ」との言葉がある。盗む家臣がいれば金を失うが、酷税を課す家臣がいると民心を失うとの含意であろう。

古典から当時の社会を読み解けば、中央政府が膨大な役人を養う高い税金を取り立てない代わり、地方で薄給役人が民から収賄することを黙認していたと理解できそうだ。

こうした歴史を踏まえ、十年以上も前の朱鎔基首相時代には、三年以内に公務員の給与を倍増すると決めた。汚職腐敗の温床は役人の薄給であるという理屈であった。

現在でも、公務員の平均給与は北京や上海などの大都市で約三千元（約四万八千円）とされる。上海紙によれば、ホワイトカラーの平均月収は二〇一四年の最も新しい統計で、上海七千二百十四元、北京六千九百四十七元というから、確かに公務員の額面給与は高くない。

以中医疗法铲除腐败

[2014. 04. 29]

中国古典之言

中国的习近平政权重拳出击，“老虎苍蝇一起打”，欲清除贪腐。仅去年（2013 年）一年，十八名省厅级高官接受调查，亦传出已涉及到对共产党最高领导层、原政治局常委进行搜查的消息。然而，仅对揭发官员的对症疗法显然不够，能否改善官吮民脂这种历代的社会构造体制，才是事关习政权命运的关键。

中国古典《大学》中有这样一句话，“与其有聚敛之臣，宁有盗臣”。其含义为若家臣偷盗，主人失去的只是金银，若家臣重视苛捐杂税，主人失去的就是民心了。

以古喻今可理解为，中央政府无法征收到这么多的税来养公务员，从而对低工资公务员受贿采取睁一只眼闭一只眼的态度。

追朔历史，十多年前朱镕基任总理时代，决定在三年内让公务员工资翻倍。但现在，贪污腐败的温床莫过于公务员以低收入为由。

至今，北京、上海等大城市公务员的月平均工资约三千元（约四万八千日元）左右，据上海报纸报道 2014 年白领阶层月均收入的最新统计，上海为七千二百十四元，北京为六千九百四十七元。由此看来，公务员表面上的收入确实不算高。

官以民为食

即便如此，截止到 2012 年的五年里贪腐立案人数达二十一万八千余人，这一数字堪为异常。

时至如今，公务员思想中如果有古代地方官吏意识残留的话，

■官が民を食い物

それにしても、二〇一二年までの五年間に汚職で立件された公務員が二十一万八千人余という数字は異常である。今でも公務員に古い時代の地方役人の意識が残っているのなら大きな問題であり、李克強首相は春の全国人民代表大会で「腐敗分子や腐敗行為への対処方針は『容認ゼロ』だ」と声を張り上げた。

だが、表面化する公務員の汚職よりも深刻な社会問題が中国社会には色濃く残る。

それは民を食い物にする官という社会構造そのものである。中国の友人は「公務員給与は安く見えるが、旅費、携帯電話、食費補助などさまざまな手当がつき、実際には二～三倍にもなる」と明かす。

さらに、公務員の給与水準が高い上海市ですら給与三千元以下には所得税が課されないという。給与以外の実入りが多い公務員の「手当天国」を支えるため、民間から搾り取った血税をじゃぶじゃぶ注ぎ込んでいるのなら、不公平感は強まるばかりであろう。

■主席給与三千元

かつて、自分の給与について朱元首相は「二千元」、江沢民元国家主席は「三千元」と明かしたことがある。給与の額面こそ低くとも、トップ指導者から地方役人まで表に出ない福利厚生や手当に恵まれているのなら、「官」に縁無き民衆の恨みは深い。

肝要なのは、官にのみ手厚い収入や福利厚生のシステムを改めて透明化し、公平な課税を通じて所得再分配を実現することである。極めて難しいが、急務であろう。

「トラもハエもたたく」汚職撲滅が西洋流の対症療法であるのなら、それこそジワリと内側から社会の体質を変える漢方療法といえる。

则是比较大的问题。在春季的全国人民代表大会上，李克强总理严正指出“对腐败分子和腐败行为零容忍”。

然而,中国尚存比浮出水面的公务员腐败更为严重的问题,那就是官以民为食的社会结构。中国友人曾明确表示,“公务员工资看似低，但有出差费、手机费、餐费等各种津贴补助，是基本工资的二三倍。”

而且，据说连公务员工资水平较高的上海，工资低于三千元是无须交所得税的。为支撑公务员比工资多得多的“天朝福利性补贴”,不停且无止境的从百姓手里敲诈勒索的话,那么不公平感势必趋于激化。

主席工资三千元

曾几何时，原总理朱镕基透露自己工资是二千元，原国家主席江泽民也曾透露工资为三千元。即使表面上工资不高，但从国家最高领导人到地方的公务员，都在暗中拿着灰色的福利待遇和补贴，结果必将导致与“官”无缘的百姓的仇恨。

关键在于，通过建立透明的福利收入机制以改变官员收入过优现象，公平税收后实施收入再分配。此事虽面临诸多艰险，但也迫在眉睫。

与其采取“老虎苍蝇一起打”以铲除贪腐的西医对症疗法,不如采取中医疗法，有计划地由表及里地改变社会机制方为上策。

 日本語原文

上海暗闘の舞台裏は

[2014. 06. 10]

▒江元主席が登場

上海で五月に開かれた「アジア相互協力信頼醸成会議（CICA)」で、習近平国家主席は中国主導の「アジア新安保観」を提唱し、中ロが手を携えて米国に対抗する姿勢を鮮明にした。CICA 議長国として面目躍如といったところだが、会議の舞台裏には政治暗闘も見え隠れした。

報道陣を驚かせたのは、引退した江沢民元国家主席がロシアのプーチン大統領と会談したことだ。中国では引退幹部が外国のトップと公式会談しないのが慣例だが、八十七歳の江氏は首脳会談と同じ日にプーチン氏と会談した。

中国国内の報道によると、プーチン氏は「両国間に何の矛盾もありません」と述べ、「関係発展に貢献されました」と江氏を持ち上げた。一方、江氏が何を言ったのかは報道されていない。

香港紙などによると、「尋常ではない会談は、江氏側の主導で実現した」という。江氏は二〇一三年七月には米国のキッシンジャー元国務長官と上海で会談するなど、引退後も表舞台に登場する意欲を隠し切れないのは事実だ。

一三年三月に胡錦濤前国家主席が「完全引退」したのは、国家主席や党総書記の座を離れても、軍権を握る党軍事委員会主席ポストを手放さなかった江氏を念頭に、長老の政治介入を封じる狙いがあったといわれる。江氏が政治的健在ぶりをアピールしたのなら、胡氏の願いは先輩に届かなかったようだ。

上海暗斗的背后

[2014. 06. 10]

前国家主席江登场

（2014年）5月，上海召开了亚洲相互协作与信任措施会议（CICA，简称：亚信会议），习近平提出了由中国主导的“亚洲安全观”,中俄联手对付美国的态势非常明确。作为亚信会议主席国名声大震之时，会议背后的政治暗斗也忽隐忽现。

已引退的前国家主席江泽民和普京总统举行了会谈，此举让报道团队大为惊讶。中国的惯例是已退休的领导人不再和外国元首正式会见，而87岁的江在首脑会谈当天与普京举行了会谈。

据中国国内报道，普京在会议中表示“两国间不存在任何分歧”，并夸奖江“为俄中关系发展做出了贡献”。然而，却未对江有何表述作任何报道。

香港媒体认为“这次非同寻常的会谈，以江方面的露面终如愿以偿。”2013年7月江与美原国务卿基辛格在上海举行了会谈，这些事实都说明江退休后有继续登台表演的强烈欲望。

据说，2013年3月前国家主席胡锦涛之所以全身引退，皆因担忧江泽民虽离开国家主席和总书记的宝座，却仍贪恋军权不肯撒手。胡的目的是杜绝元老干政。然而倘若江依然活跃在政治舞台上，那么胡的愿望显然没让他的前任心领神会。

惩治老虎的焦点

也有不同见解。据中国消息人士分析，“习曾得到江的关照”。2007年党代会前夕,决定一把手人选的秘密人事会议北戴河会议期间，江搬出了当时作为候选人尚不成气候的习近平，进而实现

■焦点のトラ退治

異なる見方もある。中国筋は「習氏が江氏に配慮した」と分析する。〇七年の党大会を前に、トップ人事を決める秘密会議・北戴河会議で江氏が当時は有力候補でなかった習氏の名前を持ち出し、習近平体制の実現につながったといわれる。江氏の本拠地である上海で恩人に花を持たせたとの見方だ。

だが、今や「トラもハエもたたく」と汚職撲滅を政権の求心力と考える習氏にとって、江氏の側近だった周永康前政治局常務委員が「最大のトラ」。江氏が華やかな舞台に登場するのは、「トラ退治」断行への政治暗闘がまだ決着していないとも読み解ける。

■秘密決議暴露も

歴史を振り返れば、引退幹部の会談で印象深いのは、一九八九年の鄧小平・ゴルバチョフ会談である。ソ連のゴルバチョフ書記長は鄧氏と会談後、ポスト上では最高指導者の趙紫陽総書記と会談。趙氏は「重要事項は鄧氏に相談する」との党の秘密決議を暴露し、失脚につながった。

中国では外国要人との会談での発言が時に、国内権力闘争に影響を与える。「江・プーチン会談」が江氏の未練なのか政治駆け引きなのか不明だが、やぶの中の「江発言」に、民は興味津々でもある。

とはいえ、一九八〇年代から九〇年代にかけて、中国は引退した長老が政治に口を出し「八老治国」と批判された歴史的な教訓がある。

斉の国の宰相だった范蠡（はんれい）は「久しく尊名を受くるは不祥なり」と言って退いた。どの国の政治家も引き際の鮮やかさが民の心に残るものである。

了习近平体制。习主席在上海江的老地盘上给他一些面子也合乎情理。

然而，习为清除腐败“老虎苍蝇一起打”以求得更多政权的向心力之际，江泽民心腹、前政治局常委周永康恰是只“最大的老虎”。所以还有一种解读是,江高调登场意味着彻底惩治老虎的政治斗争尚未结束。

秘密决定的泄露

回望历史，退休领导人举行的会谈，最为令人印象深刻的是，1989年邓小平和戈尔巴乔夫之间的会谈。苏联第一书记戈尔巴乔夫和邓小平会谈之后，又与地位最高领导人赵紫阳总书记举行了会谈。赵因泄露了“党内重大问题最终由邓小平掌舵”这一党的秘密决议而下台。

在中国领导人和外国要人会谈时的发言，有时会影响国内的权力斗争。虽不明确“江普会谈”是江难舍政治还是其政治策略手腕，但深藏不露的江的发言，已在坊间广为流传。

综上，1980年代至1990年代，退休的元老们对政治指手画脚，遭人痛斥的“八老治国”扰政之事堪为历史教训。

“久受尊名，不祥”，齐国宰相范蠡在讲了这句话后便隐退了，然无论哪国的政治家都应是“人隐身已去，光彩民心中”。

日本語原文

手のひらの上の香港

[2014. 07. 22]

■崩れる一国両制

香港が大揺れである。

七月一日の返還記念日に毎年開かれる大規模デモで、行政長官の普通選挙を求め史上最多の五十一万人（主催者発表）が参加し、五人が逮捕されるという異例の事態になった。香港の自由な言論空間は確実に狭められている。

デモの規模は二〇一三年の四十三万人を上回り、国家安全条例制定への反対が焦点となった〇三年の五十万人も超えた。デモに参加した男性は「香港人が自治に参加できる機会が確実に減っている」と不満をもらした。

中国政府が六月十日に公表した「香港の一国両制についての白書」が、香港人の危機感を募らせた。香港の「高度な自治」について「完全な自治でも分権でもなく、中央が授権した地方の事務管理権である」とし、中央が“本音”をあらわにしたようだ。

一九九七年の香港返還の際、中国は返還後五十年間は香港の社会、経済、生活様式を変えない「一国両制」を守り、香港基本法が「高度な自治」を保障するとした。白書の公表やデモ主導者の逮捕などは、この“確約”が事実上なし崩しにされていると、香港で受け止められている。

高度な自治の根幹を支える一つが言論の自由である。香港人が享受してきた言論の自由が、大陸流の“管理された言論の自由”に変質されかねないとの危機感が、現在の香港をおおって

掌上的香港

[2014. 07. 22]

一国两制的崩溃

香港正在发生大动荡。

每年7月1日香港回归纪念日都要爆发大规模示威游行。今年（2014年）为争取行政长官普选,爆发了史上最多五十一万人（主办方公布）参加的集会，其中发生了五人遭逮捕的特殊事件，这反映出香港言论自由的空间确实越来越收窄。

2014年7月的游行规模超出2013年的四十三万人，以反对国家安全条例制定为焦点的03年游行人数也超过了五十万人。参加游行示威的一名男性表示“港人参加自治的机会越来越少了”，不满之情溢于言表。

6月10日中国政府公布了《“一国两制”在香港特别行政区的实践》白皮书,香港人危机感骤然而起。关于香港“高度自治”，白皮书指出“不是完全自治，也不是分权，而是中央授予的地方管理权”，中央的“心里话”终于一展无遗。

1997年香港回归时,中国承诺“一国两制”,香港的社会、经济和生活方式五十年不变,香港基本法明确保障“高度自治”。而白皮书的发表和逮捕游行发起人等行径，令港人感到“确定的公约”事实上已土崩瓦解。

支撑香港自治的核心基础之一是言论自由。香港人虽然享有过言论自由,但今天可能已变质为大陆式的“被管控的言论自由”，这样的危机感直逼香港。

いる。

■「話語権」の封殺

近年、中国大陸のネット上では「話語権」という言葉をよく目にする。社会への影響力がある政治的な発言という文脈で用いられることが多く、単なる「発言権」よりも積極的な意味を持つ。

大陸では官僚や学者ら知識人のみが「話語権」を行使する。

香港では「話語権」は空気のように当たり前だった。だが、それが封じられ、中国憲法が「国家、社会、集団の利益を損なわない限り」で認めるとする「発言権」の枠に閉じ込められてしまいかねないというのが、今の香港人の不安と反発の根源であろう。

現に、デモについて「真の普通選挙を求める最多のデモ」と報じた香港紙の見出しが、編集担当の鶴の一声で「警察がデモに続く座り込みを排除した」と、当局寄りの目線の報道に差し替えられた。

■“孫悟空”の苦悩

中国中央という“お釈迦様”は、香港という“孫悟空”が一線を越えないよう頭に締めつけの鉄輪をはめ、觔斗雲で飛び回れる範囲を、手のひらの上に限ろうとしているようでもある。

人民日報傘下の環球時報社説は、香港人の政治的発言を容認するとしたうえで、こうクギを刺した。「法治こそが香港の依拠すべきものであり、それを奪い去る者は誰であれ香港の罪人、はなはだしくは敵となるのだ」

だが、その中国流「法治」に共産党一党独裁の下での限界があることを敏感に感じ取っているがゆえに、多くの香港人は手のひらの上の“孫悟空”になりたくないのであろう。

封杀“话语权”

近年来，网上时常映入眼帘的是中国大陆所讲的“话语权”字眼，这般修辞多用在产生社会影响力的政治发言上，比“发言权”更具积极意义。

在大陆只有官员、学者等知识分子享有“话语权”。

在香港，“话语权”就如同呼吸空气般自然不过。然而，这也将遭到封杀，被圈在国家宪法规定的“不得损害国家、社会、集体利益”框架内的“发言权”，是导致当今香港人不安和反抗的根源。

而如今，香港报纸关于游行报道的标题——“争普选大游行人数创新高”，却被编辑大人大笔一挥篡改为符合当局视点的“警员抬人清场”。

“孙悟空”的苦恼

中央就好比如来佛祖，而香港就好比头戴紧箍咒、不可雷池一步的“孙悟空”，腾云驾雾的范围，还是锁定在如来的掌心上。

人民日报旗下环球时报发表社论称，对港人的政治发言予以承认，但又钳制道：“法治是香港最终的依靠，谁要夺走它，谁就是香港的罪人甚至敌人。”

由此，令人敏感到中国式的“法治”在共产党一党独裁下趋于极限，而多数香港人又何曾想成为那如来掌上的“孙悟空”。

 日本語原文

「習思想」確立へ荒業

[2014. 09. 02]

■秘密会議に先制

中国が共産党ナンバー9の座にあった周永康・元政治局常務委員の汚職に切り込んだ裏の狙いに注目が集まっている。権力闘争で党内を混乱させないため、常務委員経験者に捜査の手を伸ばさないのが不文律であった。習近平党総書記は不文律を破る荒業でうるさ型の長老を黙らせ、「習思想」の確立を目指しているとの見方が浮上している。

周事件について、拘束された元秘書や親族は三百人に及び、一族の不正蓄財は日本円で一兆五千億円と報道される。習氏の「トラもハエもたたく」汚職摘発が、最大のトラを檻(おり)に追い込んだ形であり、社会格差にあえぐ庶民からは拍手喝采を受けている。

習指導部の厳しい汚職追及は、むろん、不公正な社会をただすという目的はあろう。だが、中国紙記者には「習氏の権威を確立し、名実ともに習時代を築くための強烈な一手」との見方もある。

周事件の公表は、毎年夏に開かれる秘密会議・北戴河会議の直前という絶妙な時期だった。当初は習氏が北戴河会議で長老からお墨付きを得たうえで、周事件に切り込むとの観測が流れていた。

だが、習氏は予想を裏切る形で会議の前に事件の立件を決断した。会議では周氏以外の事件着手に反対する意見が出たとも伝えられ、不文律を破る剛腕は、長老たちを震え上がらせたに

大胆树立“习思想”

[2014. 09. 02]

先发制人的秘密会议

中共第九号人物、原政治局常委周永康因贪腐被拉下马的内幕引起了广泛的关注。为避免权力斗争而造成党内混乱，对原常委不予搜查已是不成文的规定。但习近平总书记以雷霆万钧之势打破这一不成文的规定,使热衷议论的元老们只好沉默,确立“习思想”的目的一展无遗。

关于周永康事件，报道称涉及该案被关押的有原秘书和亲属共有三百余人，其家族非法敛财共计一兆五千亿日元。习以“老虎苍蝇一起打”揭发贪腐，将最大的老虎关进笼子，获得了苦于贫富差距民众们的一片掌声。

习指挥部从严肃贪，无疑旨在纠正社会不公。然而，中国媒体记者认为:“习这一手非常厉害，不仅树立了自己的权威，而且构建了真正的‘习近平’时代。”

周事件公布时期非常绝妙，是临将每年一度的秘密会议“北戴河会议”召开前夕。因为最初人们都以为习会在北戴河会议上征得元老们的同意之后，再拿周来开刀。

然而，习出其不意的决定在会议前将事件立案。我也听说会议还传出了反对对周以外的人进行惩治的意见，习力破陈规的钢铁手腕，无疑让元老们为之胆寒。

与毛、邓并肩

在香港相继有报道称，胡锦涛时期党内第四号人物、原政治局常委贾庆林是下一个目标。习在周事件上先发制人，成功排除

違いない。

■毛・鄧と肩並べ

胡錦濤時代の党ナンバー４だった賈慶林・元政治局常務委員が、次の標的との報道すら香港で相次いでいる。周事件立件の決断という先制攻撃で、習氏は長老支配の排除に成功し、現指導部内でも完全に主導権を握ったといえる。

その先に見すえるのが、毛沢東思想や鄧小平理論に並ぶ、「習近平思想」ともいえる指導理念を通じたカリスマ的な権威の確立であろう。

第三代指導者の江沢民氏には「三つの代表論」、第四代の胡錦濤氏には「和諧（調和の取れた）社会」のスローガンがあるが、もちろん毛、鄧氏の権威には及ばない。

第五代指導者として習氏は江氏や胡氏を超え、毛沢東や鄧小平と肩を並べる大指導者を目指しているように映る。

中国筋によると、「習思想」の根幹は、一九五〇年代に周恩来が唱えた、工業、農業、国防、交通運輸の「四つの近代化」に次ぐ「第五の現代化」が柱であるという。「西側の民主とは違う国家統治の体系」と言われるが、全貌はまだ明らかではない。

■綿中に針を蔵す

トラを召し捕った余勢をかって、習主席は秋の党重要会議である「四中全会」で、練り上げた「習思想」を派手にぶち上げる可能性がある。

歴史を振り返れば、毛沢東は文化大革命後に鄧小平の再起用を決めた際に、鄧の性格について「綿中に針を蔵す」と評した。あたりは柔らかだが芯は強いと評されたカリスマは、失脚と復活を繰り返し「不倒翁」とも言われた。

習氏が毛、鄧の両雄に並び立つには、大胆な強硬路線だけでなく、政治的、人間的な柔軟性も必要かもしれない。

元老们的干扰，可见习在现领导指挥系统中已完全掌握了主导权。

习近平着眼未来，希望树立与毛泽东思想、邓小平理论相提并论的“习近平思想”，以确立自身领袖地位的权威。

虽然第三代领导人江泽民有“三个代表”、第四代领导人胡锦涛有“和谐社会”的口号，但不用说都无法达到毛泽东、邓小平的权威。

而作为第五代领导人的习希望，超越江、胡，成为能与毛邓比肩的领袖人物。

据中国消息人士透露，“习思想”的核心是提出继 1950 年周恩来提倡的工业、农业、国防、交通运输“四个现代化”之后的“第五个现代化”，继而形成“和西方民主有所不同的国家管理系统”，但内容的全部精神尚未公开。

绵里藏针

为清剿“老虎”的残余势力，习主席有可能在秋季党的重要会议“四中全会”期间，将“习思想”凝练为更准确的说法加以大力宣传。

回望历史，文革后毛决定重新起用邓小平时，对邓的性格给出了“绵里藏针”的评价，可谓一语而中的。邓终被称为柔中带刚的领袖人物，也被说成是几度落马后即而又复出的“不倒翁”。

然而，习若希望与毛、邓两雄同样有所作为，则不应只是走大胆的强硬路线，可能还需要有政治、人性方面的柔软性。

習主席の唱える「新常態」

[2014. 10. 28]

■原点は経済政策

中国の習近平国家主席が唱える「新常態（ニューノーマル）」という言葉が波紋を広げている。当初は高度成長ではなく緩やかな成長率を受け入れるべきだという経済改革のキーワードだったが、国内政治や外交面でも「新常態」が語られるようになってきた。「中華民族復興の夢」に続き、習氏が独裁的な「領袖（りょうしゅう）」としての権力を固めるスローガンの色彩すら帯びてきた。

今年春から「新常態」との言葉を使い始めた習氏だが、八月に河北省の避暑地で開かれた秘密会議「北戴河会議」で、意図が明らかになってきた。

習氏は「新常態の状況では経済成長の速度は緩慢になるが発展の質は上がる」「成長率第一から抜け出し平常心を保つべきだ」などと述べたとされる。

経済政策について、過度な刺激策は採らず、改革を進めていく姿勢を鮮明にしたといえる。

ある中国紙記者は「高度成長を満喫してきた国民向けに今後の経済失速への釈明と、改革の痛みに耐えよとの指示でもある」と読み解きもする。

だが、最高指導者が発した「新常態」のかけ声は、役人やメディアなどの追従気味の対応もあり、経済以外の分野でも存在感を増し始めた。

習政権が進める汚職腐敗撲滅の大号令が「トラもハエもたたく」である。

习主席提倡的“新常态”

[2014. 10. 28]

经济政策是原点

中国国家主席习近平提倡的“新常态”提法引起了巨大反响。“新常态”一词最初是经济改革的关键词,意思是中国经济将在速度上从高速增长转为缓增长，但之后，“新常态”在中国政治、外交等方面都被广泛地使用。继“中华民族复兴梦”之后，“新常态”一词更带有了习作为独裁“领袖”的色彩，成为巩固其权力的口号。

今春（2014 年春）起习首次使用“新常态”这一用词, 8 月在河北省避暑胜地召开的秘密会议“北戴河会议”上，“新常态”的意思也逐渐明朗起来。

习对于新常态这样解释:“在“新常态”的情况下经济增速虽然放缓，但经济结构不断优化升级”、“要摆脱高增长率第一的状态，保持战略上的平常心态”。

这表明在经济政策方面，习不会采取过度刺激的策略，而是推动改革来发展经济。

某中国媒体记者对此解读为:“习近平向享受了高速增长的民众们阐明今后经济将要缓增长，也是对改革的阵痛要忍耐的一种指示。”

然而，对最高领导人发起的“新常态”号召，官员和媒体纷纷响应，致使该词在经济以外的其他领域也广被频繁使用。

习政权扑灭贪腐运动的大号令为“老虎苍蝇一起打”。

■狙う領袖の座？

中国紙・東方早報は八月中旬、汚職捜査機関の中央規律検査委員会が今年上半期だけで昨年を超える三百三十人余の腐敗役人を処分した成果を伝える記事で「トラもハエもたたく新常態を迎えた」とたたえた。

中国筋によると、北戴河会議で習氏は「外交、軍事、経済などあらゆる分野で“新常態”を構築すべきである」とも述べたという。

習氏は党総書記の座に就くや、アヘン戦争をきっかけに「東亜病夫（東洋の病人）」とまで言われた屈辱の歴史を乗り越えようとばかり、「中華民族復興の夢」を唱えた。「新常態」とは経済のみならず、あらゆる分野で中国が国際社会から見下されない状態であるとも読み解ける。

日中外交関係者の間には、習氏は国際社会での偉大な中国の「新常態」実現を通じ、「領袖」たらんとしているのではないかとの見方が浮上している。

現在の中国では党総書記といえども独裁は許されていないが、一般的に「領導」と言われる指導者群の中で一歩抜きんでた「領袖」ともいえる座を狙っているとの観測だ。

■思惑見抜く庶民

だが、上海市民の一人は「真の領袖なら実質的な政治改革を成し遂げるべきだ」という。「反腐敗が“領袖という神”をつくり上げる政治運動であるなら、無残な結果になるだろう」ともクギを刺す。

古典・十八史略には「民の口を防ぐは、川を防ぐよりも甚だし」とある。「反腐敗」や「新常態」の裏にひそむ権力者の思惑を、庶民は敏感に感じ取っているのかもしれない。

期待领袖宝座否

据8月中旬的中国报纸东方早报报道，搜查贪腐的专职机关中央纪律检查委员会公布，仅今年上半年就有三百三十余名官员被查处，战果超出去年全年的总和。相关报道进而指出“迎来了一个老虎苍蝇一起打的新常态”。

根据中国消息灵通人士透露，北戴河会议上习讲话中提到“在外交、军事、经济等领域必须构建新常态”。

习荣登党总书记宝座不久，为改变自鸦片战争以来被称作“东亚病夫”的屈辱历史，提出了“中华民族复兴”的口号。

因此，“新常态”不仅可理解为在经济上，而且是中国在国际社会各领域不再被蔑视的一种状态。

有从事中日外交关系人士认为，习希望在国际社会通过实现伟大中国的“新常态”，而成为举世瞩目的“领袖人物”。

虽然现在中国不允许借党总书记之名实行独裁，但由此可见，比起普通“领导人”，习近平更希望成为“领导人”中出类拔萃的“领袖”人物。

用心已被民众看清

然而，有上海市民告诉笔者说:“真正的领袖人物应该推行实质性政治改革”，并一针见血地指出“如果借反腐败搞领袖的造神政治运动，其结果必将是悲惨的。”

古典十八史有载“防民之口，甚于防川”。当权者隐藏在“反腐败”和“新常态”的用心，敏感的民众或许早有察觉。

日本語原文

庶民置き去り「雨傘革命」

[2014. 12. 09]

■長官の奇怪な説

香港警察によるデモ隊の強制排除で、行政長官選の民主化を求める学生たちの運動は追い詰められている。「高度な自治」の堅持を叫ぶ運動の志は高かったが、占拠が続いた街を歩くと、「雨傘革命」の限界も見えてきた。

梁振英長官は不動産コンサルタント業で財を成し、中国の国政助言機関である全国政治協商会議の香港地区委員も務めた親中派財界人の一人。

米紙の取材に「デモ隊の要求に応ずれば、選挙結果は低所得層の労働者に左右される」と発言し批判を浴びた。「(長官を選ぶ) 選挙委員会には何の経済的貢献もないスポーツ界や宗教界の代表も参加した」と失言を重ねた。親中派の立法会議員からも「奇怪な説」と反発を食らった。

英国留学中の長官の娘はデモが拡大する中で「このネックレスは香港の納税者のお金で買ったものよ」「私を攻撃する人のほとんどは失業者だろうね。みんなじゃないけど」とフェイスブックに書き込んだ。中国紙記者は「まさに金持ち階級の論理。長官や娘は内心では失言とは思っていないだろう」と失笑する。

学生との対話で政府代表を務めた林鄭月娥政務官（閣僚）は香港大卒業後、香港の初代開発局長を務め政府ナンバー２に上りつめた。市民の好感度は政府内で最も高いが、香港で英国式教育を受けたエリート女性の例にならい、自分の姓の前に夫の性を加えた上流階級的な氏名を名乗る。

民众抛弃的“雨伞革命”

[2014. 12. 09]

特首的奇谈怪论

由于香港警方强制驱散游行队伍，诉求香港特首选举民主化的学生运动被逼到了窘境。虽然这次运动呼吁“高度自治”,志向高远，但走在“占中运动”尚在持续的街道上，还是让人不由感觉到“雨伞革命”已极限将至。

香港特首梁振英不仅在房产中介里敛财有道，同时也担任全国政协（中国参政议政机构）的香港委员，是财界亲中派人士之一。

他在接受美国媒体采访时说道 :“如果答应游行队伍的要求，选举结果将被低收入阶层的劳动者所左右”,结果遭到舆论的抨击。

此外，梁的口误还有很多,“参加（特首选）选举委员会的都是些没有经济贡献的体育界、宗教界代表”。就连亲中派的立法会议员也称之为“奇怪的言论”表示不满。

在抗议游行扩大时,正在英国留学的特首女儿在脸书上写到:“这根项链是用香港纳税人的钱买的。”“攻击我的人大多是失业者，而不是所有人。”某中国报纸记者失笑道 :“确实这些说法都是些有钱阶级的理论，特首和他的女儿内心里不觉得自己又说错话了吗。”

和学生对话的政府代表政务司司长林郑月娥毕业于香港大学，在担任首位香港发展局局长之后，升任政府的第二号人物。在政府中，她是获市民好评度最高的官员，模仿香港英式教育杰出女性的做法，本姓前加上夫姓更显出她上流社会的范儿。

▩エリートの戦い

親中派エリート層の既得権益の代弁者である香港政府。それに民主化要求を突きつけたデモ隊の主力も、実は香港の知的エリート層だ。戦いの構図そのものが、庶民を置き去りにするものであった。

「占拠」を主導したのは香港政府の官僚を輩出する香港大の准教授らであり、学生リーダーの多くは香港大など有名大の学生である。学者たちは「疲れた」と表舞台を去り、学生たちは「真の普通選挙」の訴え一点張りで政府庁舎包囲へと運動を過激化させ、着実な対話に背を向けた。

初めは共感を呼んだデモだが、「占拠」で市民生活を人質に取られ、民意は離れた。占拠地域の商店主は「学生は無責任だ。理念だけで飯が食えるのか」と怒鳴った。五人に一人が貧困層という香港で、学生らは民衆を巻き込んだ実効性ある戦いの方向感覚を失ってしまったといえる。

▩毛思想を教訓に

毛沢東思想の一つに、農村から蜂起して都市を囲い込むゲリラ戦の「人民戦争理論」がある。香港政府を遠隔操作する中国は歴史に学び、人民に足場を持てなかった知的エリートによる“都市の革命”の弱点をついたといえる。

中国は、庶民の不満の矛先が大陸や香港政府から、生活を圧迫するデモに転じるのを待つ持久戦に持ち込んだ。最終局面での香港警察の暴力的な強制排除にも、「占拠反対が八割」という民意は強烈な反発を示さなかった。

民主を求める戦いは続くだろう。学生たちは次の機会こそ、民意を強い追い風にできる運動の方法を探ってほしい。

精英之争战

香港政府是亲中派精英既得利益的代言人。而提出民主化要求的游行队伍的主力军，则是香港知识分子阶层的精英。这两者之争完全置百姓于不顾。

主导“占中”的是香港官僚辈出的香港大学的副教授，学运领袖又多为香港大学等名校学生。在学者们因“感到疲惫”从公众视线中消失后，学生们便以“我们要真普选”为由，进而采取了过激行动，包围政府大厦，与推动实质性对话的初衷背道而驰。起初是有共识的集会游行，但后来占中影响到了市民生活，失去了民意。被占中影响到的某店主愤怒道:“学生崽毫无责任，单讲理念能当饭吃吗？”香港尚处在五人里面一人贫困的境况，而学生们没有将民众动员起来，失去了有实效性的斗争方向感。

以毛思想为指导

毛泽东思想之一就是人民战争，即以农村包围城市的游击战术。此次，北京政府远程操控香港政府是借鉴了历史，而脱离群众基础的知识分子精英则成为了“城市革命”的软肋。

中国采用了持久战，将那些对大陆、港府不满的民众的矛头移到影响民生的游行上。最终香港警察使用暴力强行驱赶,“八成反对占中”，民意也没有任何强烈的反对。

争取民主的斗争将持续。若还有下次机会，希望学生们能够探究顺应民意的运动方式。

日本語原文

外灘事故に潜むもの

[2015. 02. 17]

■市民の疑問噴出

上海市の観光名所・外灘（バンド）で三十六人が死亡した集団転倒事故の処分をめぐり、政治的な余波がいまだにくすぶっている。

上海市は一月二十一日に会見を開き「公共安全を守る責任を果たせなかった」として外灘を管轄する黄浦区の党書記ら十一人の処分を発表。市は「法に基づき直接の責任者を処分した」と強調した。

だが、警備の手抜かりで若者らが命を落とした悲惨な事故だけに、上海市民から「なぜ処分は区責任者止まりなんだ」と疑問の声が噴出した。

人民日報系の環球時報も会見翌日の社説で「直接責任者の処分は妥当」としながらも「もっと高い官職にある責任者の処分なら、世論に歓迎されるだろう」と、市民の反発に一定の理解を示した。

だが、トカゲのしっぽ切りに映る処分に対し、庶民の怒りは一気に沈静化した。転機は、党書記らが事故当夜、倹約を求める「党八項規定」に違反し、現場近くの高級日本料理店で公費宴会を開いた醜聞が発覚したことだ。

■好都合な“醜聞”

時間を巻き戻すと不思議なことが分かる。上海市は事故後、中国メディアに「事故と腐敗を結びつけるな」と内部通達した。悲惨な事故への批判は一般的に役人の腐敗攻撃に転化しやすい

外滩事故的背后

[2015. 02. 17]

市民迸发的疑问

上海观光胜地外滩发生集体踩踏事故致三十六人死亡。围绕事故处理而引发的政治余波至今仍未平息。

（2015 年）1 月 21 日上海市新闻发布会上公布以“没有尽到保护公共安全的责任”，对管辖外滩的黄浦区党委书记等十一人予以处分。上海市强调“依法对直接责任人予以处分”。

然而，对这次安保松懈造成年轻人陨命的悲惨事件，上海市民发出疑问：“为何责任追究只到区级负责人？”翌日，人民日报旗下环球时报社评虽然指出“对直接责任人处分是妥当的”，同时也指出“被追究的官员位置越高，越能受到舆论的欢迎。”

进而，处分类似斩蜥蜴舍末保体的做法，却也暂时平息老百姓的怒火。原因是事故当晚区委书记违背“八项规定”，在事故地点附近的高档日料店公费宴请的丑闻败露。

凑巧的“丑闻”

事过境迁但仍存难以思议之处。上海事故发生后，中国媒体内部通告“勿将事件和贪腐牵连”，那是因为对悲惨事故的批评一般很容易转向对官员腐败的痛击。

然而，新闻发布会前后媒体对公费宴请集中进行报道。有位中国报纸记者讲到，“只是区干部的丑闻，所以被允许报道，这真是一个掩盖真相的好机会。”环球时报的那篇社评又发表掩护性评述“由于区委书记等人参加事发当日的违规聚餐，对他们进行追责显得顺理成章。”这样对市以上领导的追责声便嘎然而止。

からである。
しかし、メディアは会見前後から公費宴会を集中的に報じた。中国紙記者は「区幹部の醜聞だからこそ報道が認められたのでしょう。しっぽ切りに実に好都合な腐敗の暴露でした」と解説する。環球時報も同じ社説で「規定違反の宴会により、党書記らがより厳しく責任を追及されるのは筋が通っている」と援護射撃。市上層部の責任を問う声はピタリと止まった。
今、中国政界を震え上がらせている言葉は、習近平主席が腐敗撲滅を訴えた「トラもハエもたたく」。中国語で「高い調子で唱える」ことを「唱高調」というが、腐敗撲滅の「唱高調」は、何よりも庶民の共感を得られるのだ。
上海の政界通は、黄浦区への打撃に、うがった見方も示す。胡錦濤前主席が率いた「共青団派」や江沢民元主席の「上海閥」の政界一掃に乗り出した習氏にとって、上海掌握に好都合だというのだ。黄浦区といえば、政争に敗れ収賄などで懲役十八年の刑を受けた元上海市トップの陳良宇氏の強固な地盤だった。陳氏は失脚前は上海閥が推す有力な国家主席候補の一人であった。くしくも、一月には江元主席の長男が中国科学院上海分院の院長を引退すると公表された。そこには、「中央の圧力説」も流れている。

▒反腐敗の「唱高調」

事故処分の背後には「唱高調」を錦の御旗にした政治的な思惑が渦巻いていそうだ。
「唱高調」は大言壮語を揶揄（やゆ）する時に用いることもあるが、習氏は腐敗撲滅で着々と実績を上げている。今の中国で確かなことは、習氏が大号令をかける腐敗撲滅の「唱高調」にどんな政治的意図が潜んでいようとも、「唱反調」（反論を唱える）は極めて難しいということだ。

现在，震动中国政坛的名言是习近平主席强调“老虎苍蝇一起打”。在中国话里“提高嗓门说话”是“唱高调”，而为打贪反腐“唱高调”是最容易得到老百姓的支持。

某上海政界通对黄浦区的处分提出了独到的解读。对习近平而言，借此机会可以更好的掌控上海，将胡锦涛前主席“共青团派”和江泽民的“上海帮”清扫出政界。提到黄浦区，是那原上海市委书记陈良宇盘根错节的老地盘，他因政治斗争下台并以受贿罪被判十八年徒刑。陈良宇倒台前曾被上海帮视为强有力的国家主席接班人人选。凑巧，1 月公布的人事调整表明，江的长子将从中科院上海分院院长位置上离任，其背后流传“有中央压力的说法”。

高调“反腐”

事故处理背后，借助“唱高调”的大旗，各种政治意图相互碰撞。“唱高调”原是对豪言壮语的一种奚落嘲讽,但习却在大力反腐的“高调”下取得节节胜利。确实在当今中国，习一声号令“唱高调”反腐无论含藏怎样的含义,想与其“唱反调”又谈何容易呢。

　日本語原文

習氏の宝剣と指導思想

[2015. 03. 31]

■大臣すら処刑も

中国の最高指導部である政治局常務委員七人のうち、習近平氏の権力が突出し「一強他弱」の政治状況が生まれている。汚職役人を切り捨てる「宝剣」の授与と、指導思想である「四つの全面」キャンペーンの発動を両輪に、鄧小平氏以来のカリスマ指導者を目指す野心が見え隠れする。

「コーランか、然(しか)らずんば剣か」。イスラム教徒が征服地で改宗か死を迫った言葉である。最近の習氏の政治手法は、「尚方宝剣も、四つの全面も」といったところだ。

尚方宝剣とは歴代皇帝が授けた権力の象徴で、剣を持つ者は大臣すら処刑できたという。中国紙は「中央が汚職摘発の巡察部隊に尚方宝剣を授けた」と報じ、「腐敗は絶対容認しない」との習氏の強烈な言葉を繰り返し伝える。

全国人民代表大会（国会）では、二〇一四年中に汚職で摘発された公務員が前年比7.4％増の五万五千百一人に上ったと報告され、宝剣は全国の政治家や役人を震え上がらせ、習氏の権力固めに大きな役割を果たしている。

キャンペーンが発動された「四つの全面」とは、「ややゆとりある社会」「改革の深化」「法による国家統治」「厳格な党内統治」を全面的に進めることだとされる。

人民日報系の環球時報社説は「一時的な政治スローガンではない」と強調し、「重大理論として党規約に盛り込まれるだろう」と持ち上げる。

习的尚方宝剑和指导思想

[2015. 03. 31]

刑及大臣

在中国最高领导层的七常委中间，形成了习权力特别强的“一强他弱”的政治格局。他一方面是授予“尚方宝剑”以铲除贪腐渎职官员，另一方面发动以“四个全面”为指导的政治思想运动，其想成为邓小平以来的领袖型领导人物之野心隐然可见。

伊斯兰教徒至死不渝信仰的至理名言“要么一手月亮弯刀，要么一手古兰经”，而最近习的政治手法是“既要尚方宝剑，又要四个全面”。

所谓“尚方宝剑”是历代皇帝授予权力的一种象征，持有尚方宝剑的大臣具有先斩后奏的权力。中国报纸称“为揭发贪腐中央授予巡视组尚方宝剑”，并反复强调习的讲话“对腐败绝对零容忍”。

在全国人民代表大会上，发布了 2014 年被揭发的贪腐官员人数为五万五千一百〇一人，比前年增加了 7.4%。这把悬在全国政客和公务员头顶的尚方宝剑使得人人胆颤心惊，为习巩固政权发挥了重要作用。

习所发起的“四个全面”运动，是指全面推进“建成小康社会、深化改革、依法治国、从严治党”。

人民日报旗下环球时报社论强调“这不是一时的政治口号”，进而吹捧为“将作为重要理论写入党章”。

早的出奇的赞美

当然，前任胡锦涛曾提出“科学发展观”、再前面的江泽民曾

■異様に早い賛美

むろん、習氏の前任の胡錦濤氏には「科学的発展観」、その前任の江沢民氏には「三つの代表」という指導思想があった。だが、党規約に盛り込まれたのは二期十年の任期終了直前で、権力を握って三年目の習氏の「指導思想」賛美は異様に早く映る。

江、胡両氏は鄧氏の鶴の一声で党トップの座に就いたといわれる。一方、習政権の誕生は「温厚な性格の太子党（高官子弟）であり、派閥の妥協の産物」と評された。だが、「宝剣と指導思想」を振りかざす習氏は、ソフトイメージを脱ぎ捨てた感がある。

北京の大学教授は「毛沢東や鄧小平の権力の源泉は軍権を握ったこと。習氏は、宝剣で聖域の軍に切り込み、指導思想の確立でカリスマの地位を目指している」と読み解く。

だが、独裁的で派手な摘発には「やりすぎだ」と懸念の声も上がる。複数の中国メディアは三月、南京市の副区長が汚職の疑いで娘の結婚披露宴会場から連行されたと報じた。「人情味がなさ過ぎる」と批判が強まるや、南京市は摘発は認めたが「（宴会場からの連行は）事実ではない」と火消しに躍起となった。

■正邪の見極めは

人民日報は「強い指導者を核心（中央）とすべきだ」と習氏の強権政治を擁護した。しかし、権力の一極集中による苦しみは、中国が辛酸をなめた歴史的な教訓でもある。

反腐敗の宝剣が社会のひずみに切り込む正義の剣なのか、公正な摘発システムを無視した権力闘争の邪剣となるのか。汚職官僚の落馬に留飲を下げ喝采を送る庶民は、剣の正邪を見極めようとしている。

提出“三个代表”的指导思想。但将这些写进党章通常是在两任十年任期结束之前，而对仅仅掌权三年的习的“指导思想”竟如此迅速地予以赞美，是不是有些异常呢。

江胡二人是在邓小平钦定下荣登党总书记宝座的。而习上台时曾被认为是“性格温厚的太子党（高干子弟),是派系妥协的产物”。而今天，高举“宝剑和指导思想”的习，似乎让人感到已卸下其温厚的表象。

北京大学教授解读道:“毛泽东和邓小平的权力源泉是掌握军权。而习是通过整肃军队、确立指导思想，以达到登上领袖人物的目的。”

就其独断专行的华丽搞法,有人担心是否“做过头了”。多家媒体报道了 3 月份南京一副区长因涉嫌贪腐，在女儿婚礼上被带走的消息,继而被集中地批评为“太没人情味啦”。之后南京市出面“灭火”，表示该官员被检举是事实，但“(在婚礼会场上被带走）一说并不属实”。

当辨明正与邪

人民日报为拥护习的强权政治，强调“要以坚强的领导人为核心”。然而中国曾发生过无数惨痛的历史教训,讲的都是权力过于集中的害处。

反腐的宝剑究竟是扫除社会弊端的正义之剑，还是无视公正的检举机制而被权力斗争所利用的邪恶之剑呢？曾为贪官污吏落马而纷纷喝彩的民众，应认清此剑的正与邪。

偽人民元に泣くのは

[2015. 05. 12]

■警察は捜査せず

銀行で受け取った人民元に偽札が交じっていた。驚いたことに中国の警察は事件として捜査せず、銀行は「責任はない」の一点張り。毛沢東は建国前に「為人民服務（人民に奉仕する）」のスローガンを唱えた。今でも共産党や政府の庁舎などに「為人民服務」の額が見られるが、偽人民元事件の横行で、国の主役のはずの人民が泣き寝入りしているのが実情のようだ。

（上海）支局が入居するビル管理会社に管理費を持参した際、百元札十九枚（約三万八千円）が鑑別器で偽物と判明。すかしもあり、本物と比べ紙質が少々滑らかという程度の違いだった。見知らぬ商店で支払ったら、偽札使用のあらぬ嫌疑を受ける危険すらあった。

■銀行が責任否定

銀行窓口で一束一万元ずつにまとめて渡された数束の人民元を大きな封筒に入れ支局金庫で管理していた。経費支払いの際に封筒から現金を出すのみで他の現金を交ぜたことはないため、警察に届けると同時に銀行に抗議した。

警察は事情聴取をして偽札と確認すると「当事者の銀行と話し合って」。警察が二〇一四年に摘発した偽札事件は七百十五件に上り、そのうち偽札百万元（約二千万円）以上の事件が三十八件というから、百元札十九枚では立件に値しないのかもしれぬ。偽札は押収され何の補償もない。

为人民币假钞而哭泣的人民

[2015. 05. 12]

警察不予调查

在银行取人民币时夹杂了一些假钞。警察对此不予搜查，银行亦一味强调“没有责任”,实在令人吃惊。毛泽东在建国前提出“为人民服务”的口号，至今市政府等地还能看到“为人民服务”的匾额，而现实是人民币假钞横行，理应成为国家主人的人民只得忍气吞声。

本记者站在向大楼物业支付管理费时，经验钞机识别发现十九张百元假钞。假钞上有水印，与真钞相比，纸质比真钞更光滑。若在素不相识的商店支付这些假币，很有可能被怀疑故意使用假币。

银行否认责任

我们从银行窗口取回数叠万元人民币,全部装入大信封后,存放在记者站的保险箱里。仅在支付经费时才从信封里抽取，也没有其它现金混入存放。因此，我们立即向警方报案亦向银行提出抗议。

警方听取情况并确认是假钞后，只说“当事人应该和银行直接交涉”。(中国）警方在 2014 年发现的假钞案达七百十五件之多，其中假钞金额超过百万元（约二千万日元）以上的案件达三十八起。或许区区十九张百元假钞立案不怎么值得，但假钞被收缴后，我们却没有任何的补偿。

银行负责人二次来社拜访，表示无所适从:“已确认内部防盗监控录像,我行没有问题”。我们表示“由于当事人双方各持己见，

銀行から責任者が二度訪れたが「内部監視カメラを確認したが当行に問題はない」と取りつく島もない。「当事者同士では水掛け論になるから警察に捜査を求めよう」と持ちかけたが、「銀行から偽札が出ることはありえない」と責任を否定するばかり。

銀行が過ちを認めるケースは皆無に近いが、無びゅうとは言い切れない。上海、福建などの現金自動預払機（ATM）から偽札が出金された事件が昨年だけで七件も報じられた。知人の留学生は「地方銀行 ATM で二千元を引き出したら七百元が偽札だった」という。その場で銀行に抗議したが「そんなことはありえない」と一蹴されたという。

中国の警察は昨年、偽札の製造拠点・広東省だけで六十四件の事件を摘発し計百十七人を逮捕した。二億九千万元（約五十八億円）分の偽札が押収されたが、摘発は氷山の一角で、膨大な偽人民元が市場に流通している。

かくして、商店主は偽札鑑別器で客の代金をいちいち調べて自己防衛に走り、不幸にも偽札をつかまされた庶民はソッと使い回す。

■一人の心失うな

周恩来はかつて人民政治協商会議で「権利を与える人民と義務を課す国民」を区別する演説をし「官僚ブルジョア階級は一国民だが、人として改造される前は人民の範ちゅうに属さない」と批判した。今や「為人民服務」の精神はかけ声倒れとなり、官僚が人民の上にそびえているようだ。

中国古典に「むしろ千金を失うとも、一人（いちにん）の心を失うなかれ」とある。貨幣制度を揺るがしかねない偽札事件の損失を人民に押しつけて恥じぬ警察や銀行などの官僚は、胸に刻むべき至言ではなかろうか。

只有请警方介入调查”，进而银行继续否定责任，说“银行是不可能出假钞的”。

以往银行承认错误的例子几乎为零，但这并不能说明银行永远正确。报道指去年上海、福建发生七起自动提款机（ATM）吐出假钞的案例。有位留学生朋友说在地方 ATM 机“取二千元发现七百元是假钞”，当即去银行交涉，却被断然驳回“不可能发生这样的事情”。

去年（2014 年）中国警方发表仅广东省已破获假钞相关案件六十四宗，逮捕一百一十七人，收缴假钞两亿九千万元（约五十八亿日元）。这些被发现的只是冰山一角，而数量庞大的假钞正在市场流通。

如此一来，商家更是忙于防伪以自卫，当着顾客的面将收到的人民币放入验钞机一张一张地鉴别，而不幸收到假币的老百姓，又会悄悄地将其投入市场使用。

毋失一人之心

周恩来曾在人民政治协商会议上讲话指出“享受权利的人民与遵守义务的国民”是有区别的，进而批判“官僚资产阶级是中国的一个国民，但在改造他们成为新人之前，他们不属于人民范围”。

如今“为人民服务”精神轰然倒下，官僚在人民头上作威作福。

中国古代经典有言“宁失千金，毋失一人心”。将可能动摇货币体制的假币事件所导致的损失推给老百姓，那些不知廉耻的警察、银行等官僚们，更当铭记这一至理名言。

科挙の国の裏口入学

[2015. 06. 16]

■指導員に300万円

中国の武漢大学でにわかには信じられない手口の裏口入学詐欺が発覚した。四年間授業に出席しながら、卒業間際に「裏口入学」すらしていない偽学生だと判明した。隋から唐の時代にかけての官吏登用試験・科挙は「昇官発財（役人になり金をもうける）」の足がかりとも皮肉られたが、奇想天外な詐欺事件の背景には、当代中国のすさまじい受験競争がありそうだ。

中国紙・北京晨報などによると、事件の舞台は最近、客船転覆事故が起きた湖北省にある武漢大学。一人十五万元（約三百万円）の手数料で裏口入学したはずの“学生”ら二十人余が、卒業間際に自分で学籍を検索し、在籍していないことにあぜんとした。

“学生”らは裏口入学をあっせんした「指導員」と名乗る男に年一万五千元の授業料を支払い、授業にも出席していたという。だが、学生証はなく、一般学生とは別室で試験を受けさせられていた。

不審に思った“学生”は「指導員」に問いただしたが、「君たちは裏口入学だから」と丸め込まれた。警察は「指導員」ら三人を拘束し、内部協力者を捜査している。詐欺は以前からあり、大学は数年前から受験生に掲示やメールで注意喚起していた。

■大清帝国北大荒

背景には「高考」と呼ばれる中国の大学統一試験のすさまじ

科举之国的后门入学

[2015. 06. 16]

给辅导员三百万日元

中国武汉大学发生一件令人难以置信的后门入学遭骗事件。这些学生四年里表面上看似正常上课，而临近毕业才发现，甚至连走后门入学的手续都未曾办过，沦为无学籍的“黑”学生。早在隋唐时期，科举制度作为选拔官员的手段，曾被嘲讽为升官发财的台阶。但今天这一天方夜谭似的欺诈事件，却折射出中国高考竞争激烈之现实。

据中国媒体北京晨报等报道，事件发生在地处湖北省（最近发生过客船沉船事件）的武汉大学。二十多名各交十五万元手续费走后门入校的大学生，在将近毕业搜索自己的学籍时才猛然发现，自己根本没有学籍。

走后门入学的“学生”,向自称“辅导员”的男子支付了一年一万五千元的学费，并正常上课。然而他们没有学生证，和一般学生不在同一教室参加考试。

面对产生疑问的“学生”,“辅导员”搪塞说:“你们都是走后门进来的”。事后，警方对三名“辅导员”实施刑事拘留，同时展开对内部协办人员的调查。通过调查得知，类似诈骗事件已有前车之鉴，数年前校方也曾通过告示和网络提醒过考生们。

大清帝国北大荒

事件的背景是被称作“高考”的中国大学统一招生考试，竞争激烈。这个月（2015 年 6 月）参加考试的人数比去年增加了三万人共计九百四十二万人，能考上北大、清华等名校的更是凤毛

い競争がある。今月あった試験には前年比三万人増の九百四十二万人が挑戦し、北京大、清華大など超名門校の狭き門を争った。

中国では今や「結婚するには男性が住宅と車を準備するのが前提」ともいわれる。受験生の息子を持つ上海の女性（47）は「名門大合格は収入や就職面で人生飛躍の活路。親の方が高考を前に緊張した」と漏らす。

金持ち二代目の「富二代」や高官子弟の「太子党」とは無縁の庶民なら、わが子の将来を名門大合格にかける気持ちは痛いほど分かる。中国では大学ごとの試験はなく「高考」一発試験のため、それに失敗すれば、裏口入学の悪魔のささやきにも心が揺れる。

さて、中国の学歴社会の頂点に君臨するのが創立百十七年の北京大。だが、理系の名門清華大が近年国家指導者を輩出し、両校名をもじって「大清帝国、北大荒」と皮肉る言葉も流行した。「北大荒」とは文革中に都市学生が下放された黒竜江省のいてつく荒野だが、確かに北京大卒の近年の国家指導者は李克強首相ぐらいしか見当たらない。

■理系の政治手腕

なぜ、理系出身が政治中枢を占めるのか。「経済発展を重視する今の中国には理系の人材が必要」との見立てに対し、「北京大生は伝統的に政治好きで政治運動に首を突っ込むので、早くつぶされやすい」と、うがった分析も。

今、中国トップの習近平国家主席は清華大卒。地方指導者の時代は身を低くしていたが、「反腐敗」を旗印に権力を掌握した近年の政治手腕は理系らしからぬしたたかさに映る。そういえば、清華大とはいえ、専攻はマルクス主義や政治思想だった。

麟角。

如今中国讲究“男方婚前备好婚房婚车”。适逢今年儿子参加高考的某上海女性（47 岁）透露说：“考上名牌大学无论将来就业和收入，都是人生一大飞跃，所以家长们在考试前都很紧张。”

与有钱人子女“富二代”或高干子弟“太子党”相比，没什么机会的平民百姓，只能靠孩子自己考上名牌大学来改变命运，真是可怜天下父母心。在中国，各大学基本上没有自主招生考试，只有被称为“高考”的全国统一入学考试。所以一旦高考落榜，那么骗子只要用“找关系进去”忽悠家长，动心也就在所难免了。

中国名校的最高峰上站着建校一百一十七年的北京大学。而近年理工名门清华大学则国家领导人辈出，民间将两校校名谐音调侃为“大清帝国，北大荒”。“北大荒”是指文革中知青上山下乡的黑龙江省荒山野岭，的确，如北大毕业近年又成为国家领导人的也只有李克强总理一人。

理工科的政治权腕

为何唯理工科出身才能独占政治鳌头呢？“当今中国重视经济发展的，亟需理工人才”，对此也有如下一针见血的分析：“传统上，北大学生喜欢政治，容易投身政治运动，这也容易造成过早的垮台。”

如今，中国一号人物国家主席习近平是清华毕业生，他在地方任职时忍辱负重，而一旦大权在握后立即竖起“反腐”大旗，其政治手腕可并不像理工出身的人。如此说来，即便习近平出身清华，其专业更应该是马克思主义和政治思想吧。

中国「底線」への挑戦は

[2015. 08. 04]

■香港白書が契機

香港行政長官選の政府改革案が否決され、梁振英長官は「一部の人が中央政府の底線を読み誤った」と不満を漏らした。「底線」とは「限界」ぐらいの意味だが、梁発言は「長官になる条件は中国を愛し香港を愛すること（愛国愛港）」とする中央の強烈な意思を代弁したものだ。だが、選挙改革をめぐる民主化運動の先鋭化は、底線の「愛国」に真っ向から挑む「本土派」と呼ばれる、中央にとっては鬼っ子ともいえる急進過激派の台頭を招いたようだ。

立法会は六月、民主派の立候補を事実上不可能にする中国の全国人民代表大会（全人代＝国会）常務委員会決定を踏まえた政府改革案にノーを突きつけた。二〇一七年の次期長官選では、親中派の業界代表などでつくる千二百人の選挙委員会が長官を選出する現行の選挙制度が続く。

昨年秋、民主派学生らが香港中枢の道路を占拠する大規模デモが起こった背景には、中国が昨年六月に発表した「香港白書」がある。白書は「中央が香港の全面的な統治権を持つ」と指摘し、国際公約である香港の「一国二制度」は事実上、骨抜きにされた。長官候補の底線も白書で明確に示された。

■過激な「本土派」

だが、デモや立法会審議を通じて平和的に真の普通選挙を勝ち取ろうとした穏健民主派に対し、自分たちは大陸人とは違う

挑战中国的“底线”

[2015. 08. 04]

以香港白皮书为契机

香港行政长官选举的政府改革案被否决后，长官梁振英抱怨“部分人误判中央底线”。所谓“底线”的意思无疑近似“界限”。梁说:“行政长官必须爱国爱港”,意在为中央思想极力的代言。然而，围绕选举改革民主运动的尖锐化，被说成是“本土派”人士直接挑战“爱国”底线，这对中央来说，讨厌的激进分子又冒出来了。

（2015 年）6 月，香港立法会对事实上民主派不可能成为候选人的、由中国全国人大决定的行政长官选举政改方案加以否决。2017 年的下届行政长官选举,将沿用现行的由建制派各界代表组成的一千二百人选举委员会的选举办法。

去年（2014 年）秋,民主派学生占据香港中枢主干道发起大规模游行的背景是,中国政府在去年 6 月发表了《“一国两制”在香港特别行政区的实践》白皮书。白皮书指出“中央拥有对香港特别行政区的全面管治权”,国际公约明确认定的“一国二制”事实上已名存实亡。白皮书还明确规定了行政长官候选人的底线。

过激的“本土派”

然而，与通过游行和立法会审议的方式，和平实现真正普选的稳健民主派相比，最近本土派明显抬头。他们认为自己是和大陆人有别的香港人，认为香港才是自己的本土。

6 月 4 日在香港举行的天安门事件追悼会上，稳健派和本土派的区别明显地表现出来了。稳健派的诉求是“结束一党专制”，

香港人であり、香港こそが自らの本土であると認識する過激な本土派の台頭がこのところ著しい。

香港で六月四日に開かれた天安門事件追悼集会では、穏健派と本土派の違いが浮き彫りになった。穏健派は「一党専制の終結」こそ訴えたが、「建設民主中国」とのスローガンを掲げ、香港が属する中国全体の民主を推進しようとの立場を示した。

一方、大陸の民主化など香港には無縁と主張する本土派は、「命運自主・港人修憲（自ら運命を決め、香港憲法を制定する）」とのスローガンを掲げ、香港白書を燃やす過激な演出を行った。

本土派は十代や二十代の若者が中核で、大陸から大挙して香港を訪れる買い物客に対する過激な抗議を主導してきた。立法会採決の直前には爆弾を密造した容疑で若い男女十人が逮捕された。本土派の関与も指摘される。

▩軍が威嚇の演習

香港紙記者は「若い本土派は天安門事件の武力弾圧など中国の怖さを知らない。中国が香港の民主を押しつぶそうとした姿勢が過激な本土派の台頭を招いたが、香港の民主には危険でもある」と分析する。香港駐留の人民解放軍部隊は七月初め、武装集団への攻撃を想定した実弾軍事演習を実施したが、本土派を揺さぶる狙いもあろう。

「香港占拠」は社会生活や経済の疲弊に不満を募らせた市民の離反で失敗したが、非暴力が原則だった。底線を脅かす本土派の過激さは、中央指導者に「香港独立」の悪夢すら連想させる。本土派が暴力的な対決姿勢を続けるなら、「香港人の民主」への強烈な干渉を招くであろう。

并高举“建设民主中国”的标语，展示了香港属于全体中国推进民主的立场。

另一方面，本土派的主张大陆所说的民主不适合香港，人们高举“命运自主，港人修宪”标语，并上演焚烧香港白皮书的过激行为。

本土派以十几、二十几位年轻人为中坚，主张对大规模到香港购物的大陆游客进行过激抗议。在立法会对行政长官选举政改方案表决前，十名青年男女嫌疑人因私造炸弹而遭逮捕，这些人被指与本土派有关。

驻军的威吓演习

有香港记者分析道“年轻的本土派不知中国六・四武力镇压的恐怖。大陆欲弄垮香港民主的行为亦招致过激的本土派势力抬头，这对香港的民主而言甚为危险”。7 月初驻港解放军部队进行了实弹攻防演习，武装攻击部队试图动摇本土派的锐气。

“香港占中”以背对社会生活、经济凋敝不满的民众民心而告失败。但非暴力是占中的原则。本土派威胁底线的过激行为，让中央高层联想到“港独”的恶梦。如果本土派继续采取暴力行动，那必将招致（中国政府）对“香港民主”的强烈干涉。

長老排除に「鬼神」の影

[2015. 09. 15]

■ “人走茶涼”とは

反腐敗闘争で政敵を葬ってきた中国の習近平国家主席が、禁断の長老排除に乗り出した。自身の後継者が政治中枢に名乗りを上げる二年後の共産党大会を視野に絶対権力を固める狙いがあるとみられるが、思いもよらぬ逆風で先行きの不透明感も出てきた。

党機関紙の人民日報に八月十日、長老支配排除を訴える意味深長な論文が載った。「人走茶涼を弁証する」との記事は、党指導部や長老が河北省の避暑地・北戴河に集まり、非公式な秘密会議を開いている絶妙な時期に掲載された。

「人が去れば茶は冷める」という意味の俗語には、職務を離れれば忘れられるとの含意がある。人民日報は「引退後は政治に手出しせぬ“茶涼”を常態とすべきだ」と長老政治を批判した。

その直前には、国営・新華社通信傘下の週刊誌「財経国家」が「北戴河無用論」の論陣を張り、「大陸の政治は透明化されており、北戴河が神秘的である必要はない」と、引退した長老が党最高人事にまで介入する秘密会議を批判した。

■習が江を鎮める

国営メディアを動員した長老排除の最大のターゲットが江沢民元国家主席であるのは疑いない。習氏は江人脈につらなる周永康・前政治局常務委員、さらに元軍制服組トップの徐才厚

清除元老“鬼魅”之影

[2015. 09. 15]

所谓“人走茶凉”

中国国家主席习近平在反腐败斗争中，不仅打败了政敌，而且还拿被视为禁区的元老开刀。习将自己的后任者提名至二年后的党代会，有人认为此举目的在于巩固他自己届时在会上获取绝对权力，但没想到风向变了，呈现出对未来的不透明感。

(2015年)8月10日的人民日报刊载了一篇呼吁排除元老干政的意味深长的论文，题为《辩证看待人走茶凉》，登载时间恰恰在党的决策层和元老们齐聚河北省避暑胜地北戴河的微妙时期。

俗语，“人一走茶就凉”的意思是指，离职了则应忘却职位。人民日报指出“‘不在其位，不谋其政’的这种‘茶凉’，应当成为一种常态”，对元老政治予以批判。

在此之前，新华社旗下周刊《财经国家》曾高唱“北戴河无用论”，认为“大陆政治已透明化，不再需要神秘的北戴河了”，由此对元老介入高层人事的秘密会议予以批评。

习镇住了江

毫无疑问，国家媒体所发动的舆论攻势，主要针对的是原国家主席江泽民。习对江的人脉关系作了清理剪除，前政治局常委周永康，军队大佬徐才厚（已在2015年3月病故）、郭伯雄均在反腐斗争中落马，江的影响力随之下降。

去年末，习视察江的故乡扬州对岸的镇江，一时成为话题，有解读说“习把江给镇住了”。

8月，党干部培训机构中央党校将摆放位置显眼的校名石挪

（三月病死）、郭伯雄の両氏を反腐敗闘争で失脚させ江氏の影響力をそいできた。

昨年末、習氏が江氏の故郷揚州から見て長江南岸にある鎮江を訪問し話題になった。「江（沢民）を鎮める」と読み解けるからだ。

八月には党幹部らの研修機関・中央党校で校名の石碑が正門外の目立つ場所から移された。「石碑は江氏の筆によるもの。長老排除の一環では」との声も。

目を凝らすと、胡錦濤前主席に対する風当たりはあまり強くない。実は胡氏は中国トップの座についた翌二〇〇三年、北戴河会議をやめると決めた。だが、長老の猛反発で復活を許すという苦汁をなめている。

引退後も二年間、党中央軍事委員会主席の座に居座った江氏の院政に苦しんだ胡氏は、軍権も譲り完全に引退して習氏にバトンを渡した。長老支配を憎む気持ちは胡、習氏に相通じるものがあるようだ。

■八老治国の教訓

中国政治は一九八〇年代から九〇年代にかけ八人の長老が権勢を振るい「八老治国」と批判された。実は習氏の父、習仲勲元副首相もその一角を占めた。

高官子弟の太子党でありながら、長老政治の悪弊を断ち切ろうとする習氏。だが、景気減速や株式相場の大暴落という経済ショックが習政権を襲った。

中国では「人有十年旺、鬼神不敢謗（ぼう）」（人生は十年ほど運勢が強く、鬼神も手出しできぬ）と言う。トップ就任三年で政治基盤を固めた習氏。経済ショックの「鬼神」も蹴散らす、旺盛な二期十年となるのだろうか。

了地方，有人议论道“石碑上是老江亲笔题字，也算是剔除元老的一个法子吧。”

视线转向前国家主席胡锦涛，则没有这般风波。其实胡锦涛在位第二年的 2003 年就已决定废除北戴河会议，但因元老们强烈反对，胡只得答应恢复会议，忍气吞下这碗苦水。

江泽民退休后仍占住位子，二年不让，垂帘听政，令胡锦涛十分苦恼。胡引退时将军权移交习后全身而去。痛恨元老干政一事，胡、习一脉相承。

八老治国的教训

在中国政治上被批为“八老治国”是指 1980 年代至 90 年代期间八大元老的权势扩张。其实，习的父亲原国务院副总理习仲勋也是其中之一。

作为高干子弟太子党的习近平，决心彻底根治元老政治的恶弊，然而，经济减速、股市暴跌这些经济的不幸冲击着他的政权。

中国有种说法叫“人有十年旺,鬼神不敢谤”。习荣登大位三年，政治基础稳定。今后，习能否赶走经济不振这个“鬼神”，迎来繁荣十年呢?

大型コラム・ワールド観望 ………… 26　**日本語原文**

もろ刃の剣の中国身分証

[2015. 11. 03]

■一元管理の徹底

中国では「居民身分証」といわれる身分証が、部屋賃借、口座開設、航空機や高速鉄道利用など生活のあらゆる場面で必要とされる。一方、この身分証には、終身不変の十八桁の公民番号が付けられ、国は戸籍や経歴を含むあらゆる個人情報を一元管理できる。日本でも通知が始まったマイナンバー。社会保障や納税での利便性がうたわれるが、情報統制大国の実情を重ね合わせて将来を展望すれば…。

中国で身分証による管理は、一九八五年施行の居民身分証条例により始まった。法改正などを経て、現在は十六歳以上の公民はICチップ内蔵のカードの所持を義務づけられている。戸籍を管理する公安当局が付ける十八桁の番号は、出身地、生年月日、個人識別番号などを意味する。

中国では、パスポートより身分証が圧倒的に重視され、ホテルの宿泊にも必要だ。日本駐在経験の長い中国紙記者は「日本では搭乗券や切符だけで飛行機や新幹線を利用できるので驚いた。本人かどうかまで確認できず、テロ対策は十分と言えるのか」と話す。裏返せば、身分証による個人情報の一元管理はそれほど徹底しているともいえる。

■父母のような国

思わぬ業界が徹底管理の恩恵に浴している。中国では二〇〇九年ごろから日本の消費者金融にあたる「少額貸款業」が認め

中国的身份证 一把双刃剑

[2015. 11. 03]

彻底的一元化管理

在中国租赁房屋、银行开户、乘坐飞机、高铁等所有的场合都需要被称作“居民身份证”的身份证件。这个身份证配有终身不变的十八位公民号，便于国家对户籍、个人经历等个人信息进行一元化管理。最近，日本政府也下发通知准备开始实施个人号码，号称在社会保障、纳税方面能带来便利。展望未来，实现了信息统一管制的大国究竟会走向何方……

1985 年颁布并实施居民身份证条例可以算是中国身份证管理的开始。此后几经修改，目前要求年满 16 岁的公民必须申请内置 IC 卡智能芯片的第二代身份证。通过证件上公安局设置的十八位管理号码，可识别每个公民的出生地、出生年月、个人识别号等信息。

在中国身份证比护照更为重要，宾馆住宿都需出示。曾在日本常驻的中国记者说:“令人吃惊的反而是日本，仅凭机票、车票就可搭乘飞机和新干线。无法确认乘客是否是本人，反恐方面能说做的充分吗”。因此，从另一个角度来说，凭借身份证对个人信息进行一元化管理，还是比较彻底的。

似爹似娘的国度

彻底管理也给各行各业带来了意外的好处。2009 年中国开始发行相当日本金融消费者所讲的“小额贷款”。上海业内人士解释:“五十万元（约一千万日元）以下贷款有时不需要担保，但必须要提供身份证。”进而非常从容的指出“只要有了身份证信息，

られたが、上海の業者は「五十万元（約一千万円）以下の貸し付けなら担保不要で身分証だけで応じることもある」と話す。「身分証情報を押さえておけば、まず踏み倒されることはなく、どこへ逃げても捕まえられる。最悪の場合は家族から取り立てればよい」と余裕の構えだ。

身分証がなくて途方に暮れるケースも。中国紙によると、日本人と結婚した中国人女性が、国籍はそのままなのに、地元当局から「日本の永住資格と身分証を重複して持てない」と誤った情報を伝えられ、身分証を放棄した。その後、中国ではパスポートではホテルに宿泊できず、不便な生活の連続に「これでは死人と同じ」と嘆いている。

上海交通大学の副教授（54）は「いかなる制度にも解決すべき課題は生じる。居民身分証では個人情報保護や人権侵害など克服すべき点もある」と認めるが、巨大な人口を持つ中国で身分証による管理の必要性と有効性を強調する。

上海市の女性（33）は「国は私たちの父母のようなものであり、情報をすべて把握されるのには慣れっこです。でも、悲哀も感じます」と複雑な胸の内を明かした。

▩衣の下から鎧も

日本のマイナンバーに目を移せば、法制定時には税金、社会保障、災害関連の三分野に限定されていた行政の利用範囲が、金融分野に拡大され、医療、戸籍事務へとなし崩しにされる可能性もはらむ。

中国の古典には「信なれば即（すなわ）ち民任ず」という。お上の言行が一致して初めて民は政治を任せられるが、管理強化へ政府の「衣の下の鎧（よろい）」が垣間見えるようでもある。「国は父母のようなもの」と安穏としていられるだろうか。

首先不怕赖账，不管逃到哪都能逮住。最糟糕情况下还可以向借款人家人追讨。”

更有因遗失身份证而遭困的例子。据中国媒体报道，有位同日本人结婚的中国女子，国籍照旧，但只因当地部门误传“有日本永住资格的不能同时持有身份证”而放弃了身份证。自那以后，她在中国用护照不能住酒店，生活上遇到许多麻烦。该女士感慨道：“这样下去和死人有什么两样！”

上海交通大学的副教授（54 岁）认为：“任何事制度化后都会发生难以解决的制度瓶颈，居民身份证应该做到保护个人信息、防止侵犯人权。”在拥有巨大人口的中国须强调对身份证管理的必要性及有效性。

上海市某女性（33 岁）怀着复杂的心情叙述到“国家就像我的爹娘一样，他们掌握我所有的信息，已经习惯啦。或许，这就是我的悲哀！”

衣衫里面的铠甲

再把目光转向日本的个人号码。目前规定只在法定税金、社会保障、防灾三个行政领域中使用，但也有扩大到金融领域，乃至医疗、户籍事务中使用的危险。中国古语道：信则民任焉。当官的只有言行一致，老百姓才会将政治交给他。政府的强化管理无疑露出了“衣衫里面的铠甲”，百姓们是否真的放心地认为“国家似爹似娘”呢。

 日本語原文

胡耀邦氏「平反」の狙い

[2015. 12. 15]

■名誉回復に尽力

中国に「平反（ピンファン）」という言葉がある。名誉回復のことだ。政治的には事件や人物の評価を変えることになる。

改革開放を進めたものの、民主化運動に寛容さを示したと批判され失脚した共産党の胡耀邦元総書記への平反がこの秋、鮮明になった。胡氏の死は、一九八九年の天安門事件の底流となったが、目を凝らして見れば、平反の狙いは民主化推進にはなさそうである。

中国共産党は十一月下旬、胡耀邦生誕百周年の記念座談会を開き、習近平国家主席（党総書記）ら党最高指導部の七人全員が出席。習氏は「胡同志は党と人民、国家のため一生を献身的に尽くした」と絶賛した。胡氏の名誉回復を宣言したともいえる。

新中国建国後の歴史は、権力闘争と名誉回復の連続でもあった。毛沢東が発動した反右派闘争や文化大革命で、多くの人が「右派分子」のレッテルを貼られ弾圧された。

その平反に積極的に取り組んだのが、党組織部長も務めた胡耀邦氏だった。習氏の父・習仲勲元副首相も、胡氏の尽力で復権を果たした一人であるのも歴史の皮肉に映る。

■「天安門」と一線

現在も清廉な指導者であるとして人気の高い胡耀邦氏だが、江沢民元総書記時代には胡氏の正当化はタブー視され、生誕九

“平反”胡耀邦的意图

[2015. 12. 15]

尽力恢复名誉

中国有“平反”的说法，即恢复名誉，是指从政治上改变对事件或人物的评价。

在改革开放过程中，原共产党总书记胡耀邦因对民主化运动持宽容态度而受到批评，最终下台。但今年（2015 年）秋天，胡耀邦平反一事日趋明朗化。胡的死因成了 1989 年天安门事件的源流，但是仔细观察发现，这一平反其目的似乎并不在推进民主。

11 月下旬，中国共产党召开了纪念胡耀邦诞辰百年座谈会，国家主席习近平（党总书记）等七常委全体出席。习盛赞“耀邦同志为党和人民，为国家贡献一生”，这也可视为为胡恢复名誉的宣言。

新中国成立后的历史表明，权力斗争和恢复名誉接连发生。毛泽东继反右后又发动文革，众多人被戴上“右派分子”的帽子遭到镇压。

对平反积极采取措施的，恰恰是时任组织部长的胡耀邦。历史最具有讽刺意味的是，原副总理习仲勋的复职也是在胡的努力下才得以实现。

与“天安门（事件）”的界限

至今仍被视作清廉、人气极高的领导人胡耀邦，在原总书记江泽民时代，恢复其名誉是被禁止的。纪念胡耀邦诞辰九十周年大会时，时任总书记的胡锦涛并未出席。

“胡耀邦的平反关系到对六四的重新评价”。（上海的政治研究

十周年行事に当時の胡錦濤総書記は欠席した。「胡耀邦氏の平反は天安門事件の再評価につながりかねない」（上海の政治研究者）との見方が強いためである。事件後を任されトップの座についた江氏や、その院政に苦しんだ胡錦濤氏に胡耀邦氏の評価見直しを決断することは無理な相談であろう。

だが、習氏演説を注意深く聞けば、胡耀邦氏の実務性や清廉さを強調し称賛したことに気がつく。民主化や政治改革に前向きだった胡氏の政治姿勢と切り離して名誉を回復し、党が「動乱」とする天安門事件の再評価につながらぬよう気を配っているようだ。

天安門事件で「動乱を支持し党分裂の誤りを犯した」と断罪され失脚したのは、胡氏の後任の趙紫陽元総書記である。習政権は趙氏の平反に乗り出す気配はない。胡氏、趙氏は改革開放を進めた鄧小平氏から「車の両輪」と言われ重用された。だが、両氏への対応の差は、習政権が天安門事件の再評価、ひいては政治改革には踏み込む意思のないことを示すものであろう。

■習総書記の凱歌

さらに、習氏が胡氏の再評価を鮮明にするカギは、「清廉」とともに「反江沢民」にありそうだ。習氏は反腐敗を旗印に、江氏に連なる周永康元政治局常務委員ら政敵を葬ってきた。江沢民、胡錦濤時代にできなかった胡耀邦名誉回復は、総書記としての力の誇示であり、最も厄介な江長老一派への凱歌（がいか）に映る。

中国には「天下の口を開く」という言葉がある。言論の自由を奨励することだ。政権に都合の良い平反を続けても、歴史的事件の平反があいまいでは、いつまでも天下の口が閉じたままでは済まぬように思えるのだが。

者）强调了以上观点。江是在事件后被任命登上一把手宝座的，而饱受垂帘听政之苦的胡锦涛绝不可能改变对胡耀邦的评价。

但是，我们来注意一下习的讲话，习对胡耀邦务实性和清廉的赞美值得注意。区别在于对胡耀邦向前推进民主、政改的政治姿态予以恢复名誉，而对党认定为“动乱”的天安门事件似乎不再做任何评价了。

在天安门事件中因“支持动乱、分裂党犯错”被论罪下台的，是胡耀邦的后任原总书记赵紫阳。但在习执政期间尚看不到为赵平反的迹象。胡、赵被推进改革开放的邓小平委以重任，誉为“两个车轮子”。然而，对两位的区别对待，亦表明习政权不会对天安门事件进行重新评价，进而也不会推进政治改革。

习总书记的凯歌

习明确重新评价胡耀邦“清廉”的同时，亦有疑似影射“反江泽民”之意。习高举“反腐败”大旗，亦为埋葬政敌江泽民和连带的原政治局常委周永康。江泽民、胡锦涛时代未能为胡耀邦恢复名誉，而作为时下总书记力量的展示，亦最能反映出遏制江元老派的一曲凯歌。

中国曾有“开天下之口”之说，说的是对言论自由予以奖励。而若有利于政权的立即给予平反，属于历史性的平反就含含糊糊，那么是否总以为只要堵住天下人之口就万事大吉了呢。

　日本語原文

台湾変える「天然独」

[2016. 02. 09]

大勝の原動力に

台湾総統選は、野党民進党の蔡英文主席が当選して八年ぶりの政権交代が実現し、立法院（国会に相当）選でも同党は過半数を制した。国民党政権の中国傾斜に懸念を強めた世論を追い風に、「一つの中国」で一致したとする「一九九二年合意」は認めないまま「現状維持」を掲げた蔡氏の“作戦勝ち”といえる。政権交代の底流に目を凝らすと、台湾社会に広まる「天然独（生まれながらの台湾独立）」という新思考がありそうだ。

投票日の前夜、台北市内で開かれた新政党「時代力量」の集会は、数百人の若者の熱気に包まれていた。候補者はヘビーメタルバンドのボーカルという異色の新人。過度の中国依存に危機感を深めた若者らが二〇一四年三月に立法院を占拠した「ひまわり学生運動」などの公民運動が、新党結成の原動力になった。

応援に駆けつけた台北市長が壇上でマイクを握り、台湾で愛唱される「愛拼才会贏（アイピンツァイホイイン）」を熱唱した。「努力してこそ勝利を得られる」との前向きな歌詞の内容が新党の上げ潮ムードと重なる。女性支援者（22）は「市長の歌はお世辞にも上手といえないけど…」と苦笑しつつ「もともと台湾固有の閩南（びんなん）語の歌。台湾人意識を強く感じる」と話した。

台湾人意識を生まれながらに強く自覚する天然独の若者たちの積極的な政治参加こそ、民進党が大勝し、生まれたばかりの新党・時代力量が立法院で五議席も獲得した原動力だったとい

改变台湾的“天然台独”

[2016. 02. 09]

大胜的原动力

台湾总统选举，实现了时隔八年之久的政权更替，在野党的民进党主席蔡英文当选。同时，在（本届）立委会（相当于日本国会）选举中该党亦大获全胜，赢得半数以上议席。针对国民担忧国民党政权向中国倾斜的强烈舆论之风，蔡主张“维持现状”，不承认以“一个中国”为原则所达成的“九二共识”,可谓是“战术上的胜利”。

仔细分析政权交替之潮流，可以发现台湾社会中存在着一种不断传播的“天然独”（生来就主张台独的）新思维。

投票前夜，台北市出现新政党“时代力量”的集会，数百年轻人激情洋溢。该党候选人都是别具一格的新秀，是重金属摇滚乐队闪灵主唱。担忧过度依存中国、极具危机意识的年轻人于2014 年 3 月，发起了包围立法院的“太阳花运动”，这一系列公民运动，成为组建新党的动力。

前来声援的台北市市长在舞台上手持话筒，高歌台湾人爱唱的“爱拼才会赢”。“只有努力才能赢得胜利”,鼓舞人心的歌词内容与新党上涨的激情相辅相成。一位女性支持者（22 岁）说到：“就算拍马也无法说市长的歌唱的好……”，接着苦笑道:“这本来是一首台湾固有的闽南歌，可以强烈感受到台湾人意识。”

这些年轻人生来就有着台湾人意识，是富有强烈自觉意识的天然台独，正是他们的积极参与，民进党才能获得大胜。刚刚成立的新党“时代力量”也在立法院获得五个议席。

える。

■“老台独”と一線

台湾メディアが伝える天然独とは、九〇年代以降に民主台湾で教育を受けた世代の「台湾は当たり前に独立している」「自分は中国人ではなく台湾人」と考える台湾人意識の昇華ともいえそうだ。

歴史を振り返れば、国民党政権は台湾独立思想に厳罰でのぞみ、八〇年代後半の政治自由化まで台湾は“監獄島”とも呼ばれた。むろん、中国政府は「台湾独立」を党綱領に掲げる民進党政権の誕生に警戒感を強めている。

だが、天然独はかつてのような「老台独（古い台湾独立の主張）」ではなく、「台湾は台湾」「台湾のことは台湾人が決める」と自然に考えている若者の認識であり、中国を祖国だと思う台湾人が世代を重ねるにつれ減っていくのは自明の理である。

台湾社会に広がる天然独を敏感に察知したのが蔡氏であった。党大会で「台湾独立」の党綱領凍結が議論された際、蔡氏は「台湾意識や自主独立堅持の価値は若者世代の天然成分（自然な考え）になっている」と述べた。

若者の天然独の新思考に深い理解と共感を示して凍結論を一蹴し、選挙戦では時代力量との共闘で若い天然独有権者の取り込みに成功したといえる。

■悲哀の歴史経て

台湾初の民選総統となった李登輝氏はかつて、日本や中国の統治を念頭に「台湾人に生まれた悲哀」を語った。中台分断から六十七年を経て、「台湾は台湾」と当たり前のように考える社会への世代交代が確実に進みつつある。

和“老台独”的区别

台湾媒体所指的天然台独，都是接受民主台湾教育的 1990 年代以后的人群，认为“台湾当然是独立的”、“我非中国人，我是台湾人”之类的台湾人意识在升华。

回望历史，国民党政权对台独思想给予严惩。在上世纪 80 年代后半期开始的政治自由化之前，台湾被称为“监狱岛”。勿论，中国大陆政府对党纲明示台独的民进党政权诞生，也充满强烈的警戒感。

但是，天然台独与过去的“老台独”不一样，他们很自然地认为“台湾就是台湾”、“台湾的问题由台湾人解决”。随着年代的流淌，认为中国是祖国的台湾人越来越少，这也是大势所趋。

蔡敏感察觉到台湾社会天然台独的扩散，当民进党代表大会议论冻结“台湾独立”党纲领之际，及时指出“随着台湾民主化，认同台湾、坚持独立自主的价值，已经变成年轻一代的天然成分(自然的想法)。”

对青年一代天然独之新思考予以深刻理解已形成共鸣，而摒弃冻结论，可以说在选举时与“时代力量”并肩作战，得以成功地赢得了天然台独年轻人。

悲哀的历史经历

台湾第一届民选总统李登辉铭记日本和中国的统治，他说“这是一生为台湾人的悲哀”。台海历经六十七年的中断，“台湾就是台湾”这种理所当然的认识已在社会族群中根深蒂固。

文革半世紀の悪夢

[2016. 03. 22]

■異様な「全人代」

中国の習近平国家主席（党総書記）は、反腐敗闘争を通じた政敵打倒で権力基盤をほぼ固めた。地方指導者らが習氏を「党中央の核心」と持ち上げ始めたことを受け、三月の全国人民代表大会（全人代＝国会）では、李克強首相が「核心意識」や党中央にならう意識の強化を訴えた。習氏の「一強他弱」の下で報道統制が強まる息苦しい社会に、上海では「文化大革命（文革）の悪夢がよみがえるようだ」との声すら聞かれる。

全人代での政府活動報告の様子は異様だった。一時間五十三分の演説を終えて席に戻った李首相に、習氏はねぎらいの言葉もかけず無表情で迎えた。香港紙・明報は「首相演説への聴衆の拍手は、四十五回で昨年の五十一回を大きく下回った」と報道。日中外交筋は「習氏が拍手したのは、台湾問題など限られた分野に限られ、演説への不満すら感じさせた」と明かす。

歴史を振り返れば、今年は一九六六年に毛沢東主席が発動した文革から五十年。被害者一億人ともいわれる権力闘争で、厳しい報道・思想統制があった。人民日報が同年六月に掲げた「一切の牛鬼蛇神を撲滅せよ」との社説は、政敵を追い落とす論拠ともされた。

文革から半世紀を迎え、中国では報道統制をひしひしと感じる。習氏は、国営新華社通信などを視察し「党・政府が管轄するメディアは、宣伝の陣地であり、党を代弁せねばならない」と、主要メディアに党への忠誠を厳命した。

文革，半个世纪的恶梦

[2016. 03. 22]

异样的“全国人大”

中国国家主席（党总书记）习近平通过反腐败斗争打倒了政敌以稳固其权力基础。地方领导人也开始鼓吹以习为“党中央的核心”。在3月的全国人民代表大会上，李克强总理呼吁强化“核心意识”和自觉保持与党中央的看齐意识。在习“一强他弱”、加强报道管控以至令人沉闷的社会中，上海甚至有人哀叹“文化大革命（文革）的恶梦又要重现了”。

全国人大政府工作报告的动静似有异样。李总理做完一小时五十三分钟报告返回座席时，习面无表情，连一句慰问的话语也没有。香港明报写到：“总理报告的听众拍手次数为四十五次，比去年的五十一次减少了很多。”日中外交消息人士透露：“习仅在提到台湾等问题时鼓掌，似令人感到对报告有所不满。”

回望历史，今年是1966年毛泽东主席发动文革五十周年。据说在这场一亿受害者的权力斗争中，就是严格控制报道，统管思想。（1966年6月）人民日报发表社论“横扫一切牛鬼蛇神”，被作为肃清政敌的论据。

文革已过去半个世纪，在中国，报道管控步步收紧。习在视察新华社等地时指出：“党和政府主办的媒体是党和政府的宣传阵地，必须姓党”。严命主流媒体必须对党忠诚。

父亲时代的暗斗

在报纸版面上讽刺习指示的广东某日报负责人被撤职。连亲近党委的实力派企业家的以下言论“当所有的媒体不代表人民的

▩父の時代の暗闘

習氏の指示を皮肉る紙面作りをした広東省の日刊紙幹部は更迭された。「メディアが人民の利益を代表しなくなる時、人民は隅に捨てられ忘れられる」と、習氏の指示を批判した党指導部に近い有力企業家すら口を封じられた。全人代期間中の記者会見で、当局に都合の悪い質問は無視されることすらあった。

全人代直前には、国家開発銀行の大門にあたる「牌楼（パイロウ）」が突然撤去される事件があった。牌楼は中華建築のシンボルともされる。中国紙は「腐敗撲滅を進める中央巡視組が周囲との景観調和などを理由に撤去を命じた」と報じた。

だが、歴史的な権力暗闘を指摘する声もある。同銀行の陳元・元行長は保守派長老の陳雲・元党副主席の長男。陳雲が反党分裂活動と糾弾した「高崗事件」の後、習氏の父である習仲勲元副首相は高崗の名誉回復を図ろうとして文革中に失脚させられた経緯がある。「陳雲の息子が皇帝を連想させるような華麗な牌楼を構えたのが、習氏には目障りだった」（香港紙記者）との見方も。

▩歴史の教訓とは

山西省では二月、民衆が自費建設した華国鋒元主席の巨大な銅像を地元政府が撤去しようとして、三万の群衆と警官隊が衝突した。地元政府は「中央の統一思想との一致」を通知し、一強となった習氏への配慮をにじませた。

文革の教訓から中国共産党は個人崇拝を禁じている。だが、習主席を「党の核心」と絶対視する動きが独裁の前奏曲とならぬ保証はどこにもない。

利益时，人民就被抛弃到遗忘的角落了！”，也被指炮轰习的指示而遭封口。在全国人大期间的新闻发布会上，对当局不利的提问均被无视。

全国人大前夕，突发国家开发银行“牌楼”被撤除事件。牌楼被视为中华建筑的象征。中国报道称“为消除腐败，根据中央巡视组反馈意见及长安街沿线景观等统一要求，国开行对办公大楼前的牌楼进行了整改。”

不过，也有声音指出这是历史性的权力暗斗。这家银行原行长陈元是前中共中央副主席陈云的长子。陈云痛斥反党、分裂党活动的“高岗事件”后，原副总理习仲勋也就是习近平的父亲，曾试图恢复高岗名誉而在文革中被赶下台。(香港报纸的记者)认为“陈云的儿子建造使人联想到皇帝那般华丽的牌楼，真的太碍眼。”

作为历史教训

2 月，山西民众自行集资筹建的原国家主席华国锋的巨大铜像在当地政府要求下被拆除，三万民众和警方发生冲突。当地政府发出通知：“和中央统一思想保持一致”，渗透着对一强为尊习的顾虑。

中国共产党鉴于文革教训禁止个人崇拜。但是，谁又能保证将习主席坚决视为“党的核心”不会成为独裁的前奏曲呢。

中国で偽離婚急増なぜ

[2016. 05. 03]

■巧妙な税金対策

中国では近年、離婚が急増しているが、奇妙なことに復縁する夫婦の割合が異様に高い。上海市の統計では、二〇一四年に離婚した相手と復縁した夫婦は、一万七千二百八十六組に上った。背景には、不動産高騰に歯止めをかけようとする当局に対し、不動産売買で有利な抜け道を探そうとする庶民の巧妙な駆け引きが横たわっているようだ。

江蘇省蘇州市の地元紙が三月末、興味深い記事を掲載した。婚姻登記部門職員が離婚届け出件数の異様な増加に目を奪われたという。三月二十一日が結婚百四十八件、離婚九十二件、同二十二日が結婚百十件、離婚七十件。同市の三月一日から二十二日までの離婚は前年同期比33.7％増の千三百五十三件に上った。

中国紙記者は「離婚届の多くは不動産売買を有利に進めるための偽離婚の可能性を否定できない」と指摘する。

からくりは、巧妙な税金対策にある。中国政府は一三年に不動産価格急騰に歯止めをかけるため、複数の住宅所有者の売却益に20％の税をかける制度をスタートさせた。現在では地方により細かな税制の違いはあるが、二軒の住宅を所有する夫婦が一軒を手放して売却益を得る場合、離婚して一軒ずつ住宅を持つ形にすれば売却しても課税されない抜け道として使える。

地元紙は「離婚手続きに訪れた夫婦は傷ついた様子もなく、握手してうれしそうに別れた」と描写。まんまと売却益を手に

为什么中国假离婚会增多

[2016. 05. 03]

巧妙的避税对策

近年中国离婚案急剧增加，奇怪的是复婚比例也异常的高。据上海市统计，2014 年原离异又复婚的夫妻多达一万七千二百八十六对以上。其背景是，针对希望控制房价暴涨的政府政策，老百姓试图找到在房产交易中更为有利的对策，两者呈博弈状态。

（2016 年）3 月末江苏省苏州市当地报纸，报道揭示的内容非常耐人寻味。婚姻登记部门的工作人员说，离婚申请多得让人瞠目结舌。3 月 21 日有一百四十八对夫妻结婚、九十二对夫妻离婚。22 日有一百一十对夫妻结婚，七十对夫妻离婚。从 3 月 1 日至 3 月 22 日，该市的离婚件数比上年同期增加 33.7%，达到一千三百五十三起。

中国报纸记者指出“许多离婚案都有可能是假离婚，目的是使房产交易对离婚者更有利”。

精心的安排是为了巧妙地避税。中国政府在 2013 年为抑制房产价格急剧上涨，针对多套房产持有者转让房屋的情况，开始征收相当于获利差价 20% 的个人所得税。现在中国各地在税制上存有细微差异，但拥有两套住房的夫妻若要出售一套房屋时，往往会采取离婚、以各人拥有一套房屋的形式来出售，如此一来则可避免被征收上述税款。

当地报纸还描述到，“前去办离婚手续的夫妻没一点难过的样子，而是握手愉快道别”。巧妙地卖房，等收益到手后再复婚，这真是个意味深长的报道啊。

した後の復縁をにおわせる意味深な報道ぶりだ。

■当局の“先手”も

江蘇省の省都・南京市では、一四年中に約二万五千組の夫婦が離婚後に同じ相手と再婚。同年中の結婚件数の約三割が復縁夫婦という信じ難い割合だ。税金対策の偽離婚は、上海や南京のような大都会から、最近は蘇州などの地方都市にも拡大している。

当局も対策に乗り出した。二月の住宅価格が前年同月比二割強も上昇した上海市は、バブルを防ぐため二軒目以降の購入の頭金比率を、従来の三割程度から五～七割に引き上げた。複数の住宅を所有して売却益を狙う夫婦の偽離婚の横行に、購入時点で先手を打ったともいえる。

北京市、上海市、雲南省、浙江省などでは昨年から、専門家のカウンセリングや離婚の予約制度の導入で、離婚を思いとどまらせようとする試みも始まっている。とはいえ、税金対策が目的の確信犯的な偽離婚にどれだけ効果があるかは未知数だ。

■覆水は収め難し

夫婦間で利害が一致しているうちはともかく、欲がからむ偽離婚は悲劇も生む。「手続き時に大切な一人っ子の親権でもめたり、非課税の売却益を独り占めしようとするトラブルが起きたりして、本当に離婚に至るケースもある」（中国紙記者）という。

古典には「覆水は定めて収め難し」とある。離縁した夫婦が元に戻るのは難しいと、斉の太公望が前妻に言った故事による。金のためあえて覆水させなくてもと気をもむのは、バブルがとうにはじけた国の記者のおせっかいだろうか。

政府“先发制人”

在江苏省省会南京,2014 年全年约有二万五千对夫妻离婚后又复婚。当年登记结婚的夫妻中，离婚后又复婚的约占三成，比例高得令人难以置信。意在避税的假离婚现状，已从上海、南京等大城市，扩至苏州等地。

当局对此亦采取措施。在上海市，由于 2 月房价比上年同月上涨近 20%，为防止泡沫扩大，购买第二套房的首付比例从原来的 30% 提升至 50% 至 70%。对拥有多套房屋、希望卖房套现的夫妻假离婚现象横行,政府方面亦“先发制人”,在买房时间等方面做了限制规定。

北京、上海、云南、浙江等省市自去年开始引入专家咨询、干预制度，尝试遏制离婚势头，但这对出于避税目的、故意而为的假离婚有多大效果不得而知。

覆水难收

夫妻之间利害关系一致时还好说，但牵扯各自欲望的假离婚则有可能酿成悲剧。据中国报纸记者称,“有的夫妻办手续时因孩子抚养权问题发生争执，或一方试图独占售房所得，以至后来发展成了真离婚。”

中国古语有“覆水难收”一说，指缘分已尽的夫妻难回当初，出自齐姜太公对前妻所说的一番话。为金钱也未必一定要覆水啊，有此担忧，也算是历经泡沫经济国家的笔者多管闲事了吧。

～2～

社　説

(社评)

全国人民代表大会の開催中、人民大会堂の前は厳重な警備が目立った
＝2015年3月、北京で、筆者撮影

全国人民代表大会召开中、人民大会堂前明显戒备森严。
(2015年3月作者摄于北京)

社説 ……………………………………………… ❶

歴史認識はしっかりと

河村市長発言 [2012. 02. 23]

「虐殺はなかった」とする名古屋市長の発言に反発し、南京市は公の交流の一時停止を決めた。南京事件については、日中共同の歴史研究がある。市長としての発言にはもっと慎重であるべきだ。

河村たかし市長は、友好都市である南京市の共産党幹部が訪問した際に「南京大虐殺は無かったのではないか」と発言した。その問題意識について、市長は記者会見で「子孫のため（歴史認識を）真実へと正すのは六十三歳のじいさま（市長）の社会的、政治的使命だと思っとります」と述べた。

だが、市民を代表する市長として友好都市の訪問団に会った際に、歴史認識に食い違いのある問題で自らの見解を一方的に公にしたことは配慮が足りなさすぎる。

二〇〇六年の安倍晋三・胡錦濤首脳会談の合意を受けてスタートした日中歴史共同研究委員会は二年前、南京事件について「虐殺行為に及んだ日本側に責任があるとの認識では一致した」との報告を公表した。一方、犠牲者数は、中国側の「三十余万人」、日本側の「二十万人を上限に四万人、二万人などさまざまな推計がある」と両論を併記した。

小泉純一郎首相の靖国神社参拝で悪化した日中関係を改善し

历史认识当慎之又慎

河村市长的发言 [2012. 02. 23]

内容提要

名古屋市长“不存在大屠杀”的言论遭到抗议，南京市决定暂停官方交流。关于南京事件，日中曾进行过共同研究。市长发言当慎之又慎。

河村隆之市长在接受友好城市——南京市共产党领导访问之际，做出“应该不存在南京大屠杀”的发言。就发言意图，市长在记者会上表示:“为子孙后代着想，我认为纠正这一历史认识是我这个 63 岁老人的社会和政治使命。”

话虽如此，市长作为市民代表在会见友好城市代表团时，以一己之见公开谈论存在分歧的历史问题实在太欠考虑。

2006 年安倍晋三、胡锦涛首脑会谈后成立的日中历史共同研究会，两年前发布了关于南京事件的研究报告，报告称“双方一致认为日方对屠杀负有责任”，有关牺牲人数，“中方主张三十余万人”“日方上至二十万人、下至四万人、两万人的各种推测”均记载于同一报告中。

双方就历史问题共聚智慧共同研究，正是为了改善小泉纯一郎首相参拜靖国神社所恶化的日中关系。两国尚在共同努力之时，却不料冒出了市长的此番言论。可见个人信念不应掺杂到公职人员的发言中。

ようと、双方が歩み寄った知恵が共同研究である。それを両国で共有しながら、今回の市長発言である。個人の信念と公職者としての発言はおのずと違う。

市長は「謝罪や撤回のつもりはない」と話した。日中間の討論会を呼びかけてはいるが、どれほどの実現可能性をともなっているのか。市として行うのか、一政治家としての呼び掛けか。

南京市は「市民の感情を傷つけた」と反発している。会談の場で反論しなかった訪問団に、「弱腰だ」との批判がネットで相次いでいるという。市長の言葉がもちろんきっかけである。

歴史をひもとけば、名古屋生まれの松井石根陸軍大将は終戦後、極東国際軍事裁判で南京大虐殺の責任を問われ処刑された。一九七二年の日中国交回復後、名古屋市は当初、天津市との提携を望んだが、中国の提案に応じる形で、南京市との提携をあえて決めた。

七八年の平和条約締結の年の友好提携となった。まさに、歴史を鑑（かがみ）に前に進もうとした当時の日中関係者の英断であった。こうした歴史を踏まえながら、一歩ずつ着実に関係改善に努めるのが、政治家の本当の使命であろう。

之后市长曾说“不打算道歉和收回言论”。尽管其呼吁开展相关研讨，但实施的可能性又有几何？是由名古屋市来实施，还是仅仅止于一个政治家的呼吁而已？南京方面回击称“市长言论伤害了南京市民的感情”。而对代表团未予当场反驳,中国网民称之为“软弱无能”，批评之声此起彼伏。一切皆因市长的言论而起。

回顾历史，我们知道二战结束后，生于名古屋的陆军大将松井石根被远东军事法庭追究南京大屠杀责任,判处死刑。1972 年日中恢复邦交后，名古屋最初希望与天津缔结友好关系，但最终接受中方建议与南京结好。

双方在 1978 年《日中和平友好条约》缔结之年结为友好城市。这种以史为鉴、面向未来的做法是当时日中相关之士的明智之举。鉴于这样的历史，锲而不舍逐步切实改善双方关系才是政治家的真正使命。

真珠の輝き失わせるな

香港返還 15 年 [2012. 07. 04]

香港に対する「一国二制度」が形骸化している。中国は、返還後五十年にわたって高度な自治を保証すると約束した。だが、香港住民による自治よりも、香港の大陸化がどんどん進んでいる。

一九九七年の香港返還から十五年が過ぎた。香港のタクシー運転手は最近、「英語より北京語を話す機会が多い」と話す。

英国植民地だった香港では、広東語や英語が広く使われていた。香港政府の昨年の調査では、北京語の普及率が英語を抜き、広東語に次いで二位に浮上した。

人口七百十万人の香港に昨年、中国大陸から二千八百万人余が訪れた。返還当時の約十二倍だ。中国の経済発展を追い風に、香港は対中ビジネスの窓口や国際金融センターとして成長を続けた。対中依存度は高まるばかりだ。

一方で、影の部分も大きい。最近の世論調査によると、過去最高の 32%が「中国政府に反感を持つ」と答えた。返還記念日の一日、香港では四十万人が大規模なデモをした。「一党独裁の終結」などを訴えた。香港の住民は、社会の自由が失われつつあると感じている。三月の香港行政長官の選挙に中国が介入し、親中派の候補が当選した。外交と国防以外に干渉しないとの約束は反古(ほご)にされたのか。

勿使珍珠丧失光芒

香港回归 15 年 [2012. 07. 04]

内容提要

大陆对香港的"一国二制"正在日益流于形式化。中国曾立下誓言，保证（香港）回归后高度自治五十年不变。但是香港自治不但没有任何进展，反而愈来愈向着大陆化发展了。

1997 年香港回归大陆后已十五载。最近听香港出租司机说："讲北京话的机会比讲英语的机会多多了"。

在英属殖民地香港，广东话和英语都被广泛使用。据去年香港政府调查，北京话的普及率高于英语，仅次于广东话跃居第二。

拥有七百一十万人口的香港，去年迎来大陆游客二千八百余万人，为回归时的十二倍。

借中国经济发展的势头，香港作为面向中国的贸易窗口和国际金融中心不断得到发展，随之对中国大陆的依赖程度也越来越高。

而另一方面，阴影部分亦挥之不去。

最近的社会调查显示，（港人）"反感大陆政府"的回答占 32%，创历史新高。在（2012 年）7 月 1 日回归纪念日上，香港有四十五万人举行了大规模游行示威，提出了"终结一党独裁"等要求。

香港居民感到逐步失去社会自由。3 月的香港特首选举由于受到大陆干涉，亲中派候选人当选。除外交国防外均不加干涉的

報道の自由の制限も強まっている。かつて「香港情報」という言い方があった。玉石混交ではあるが、権力を恐れぬ取材で中国の内実を鋭くえぐった報道だ。
だが、民主化運動の弾圧を批判してきた月刊誌「九十年代」は返還後に休刊となり、香港メディアには大陸寄りの論調が目立つ。

「一国二制度」は、中国が将来の台湾統一を念頭に考え、香港やマカオで実践した。自由や民主を尊重する「港人治港」(香港人が香港を治める)がなし崩しにされるなら、国際社会はこの社会実験を支持できないだろう。

香港の民主は色あせつつある。それでも、中国人は大陸より自由があると感じている。子供に香港永住権を取らせるための越境出産の増加が、それを物語る。

五年後に、有権者が長官を直接選ぶ普通選挙に移行する。中国は選挙に干渉せず、本当に自由な選挙を実現すべきだ。香港の人たちも、自らの手で本物の民主を取り戻す好機としてほしい。東洋の真珠と言われた香港。民主主義の後退で、その輝きを失わせてはいけない。

约定是否已被撕毁?

报道自由被强烈限制。曾经被称为“香港消息”的报道，虽说良莠不齐，但彼时确实不惧权力打压，如实尖锐地披露了中国的实情。

曾批判镇压民主运动的月刊杂志《九十年代》在香港回归(大陆）后被迫停刊，香港媒体倾向大陆的言论越来越多了。

“一国两制”是中国将来对统一台湾的考量,香港和澳门已付之实践。如果普世尊重的自由和民主下的“港人治港”一旦崩溃，后面的社会实验又怎能得到国际社会的普遍支持呢。

香港民主色彩正趋黯淡。尽管如此,中国人还是认为（香港）比大陆自由得多，为争取在港永住权不惜跨境生子的人数不断增加就是最好的佐证。

五年后，行政长官特首选将进入普选。中国应绝不干涉，实现真正意义上的普选。真心希望港人能借此良机，通过普选用自己的双手夺回真正的民主。

被誉为东方明珠的香港，不能因为民主主义的收缩而失去往日的绚丽与辉煌。

社説 ……………………………… ❸

密議の時代は終わった

「北戴河」会議 [2012. 08. 20]

海辺の避暑地「北戴河」で、中国共産党の次の指導部を決める会議が開かれた。引退した長老も参加し、国民の目の届かぬところで将来の青写真を描く。大国なら、その非民主制を改めてほしい。

北京から東へ約二百八十キロ。渤海を望む河北省の避暑地、北戴河では、毛沢東時代から、指導者や長老が別荘に滞在しながら、指導部人事などを密議してきた。

江沢民前総書記ら長老も、北戴河入りしたと伝えられる。政治を進めるのに、長老の経験や知恵に学ぶべきことは確かに多い。

だが、引退した長老が指導部人事にまで口を出しては、派閥争いがより激しくなる恐れがある。適材適所であるべき人選がゆがむようなことがあれば、問題だ。

胡錦濤氏は中国トップに就いた翌二〇〇三年、北戴河会議をやめると決めた。密談で指導部人事や重要政策を事前に固める弊害を痛感していたのではないか。だが、数年で復活してしまった。長老の猛反発があったといわれる。

中国では一九八〇年代から九〇年代にかけて、引退した八人の長老が権勢をふるい、「八老治国」と批判された。世界の大国となった今、人治を法治へと改め、透明性のある指導部選び

秘密会议时代已告终

北戴河会议 [2012. 08. 20]

内容提要

北戴河是海边的避暑胜地，最近那里召开了决定中国共产党下届领导人的会议。退休的元老们也参加了会议，决定中国未来蓝图的工程就这样在百姓一无所知中完成。既然作为大国，这种非民主制度应该改改了吧。

河北省北戴河距北京东部两百八十公里，是临近渤海的避暑胜地。从毛泽东时代起，领导人和各位元老们齐聚别墅，以秘议方式决策以后高层人事更替。

传闻前总书记江泽民等诸位元老也已抵达北戴河。为推进政治进程，元老们的经验和智慧固然值得学习。

但退休的元老们经常对高层人事指手画脚，恐易引发更激烈的派系斗争。尤其是任人唯贤制度一旦被扭曲，势必造成问题。

胡锦涛就任总书记翌年的2003年,决定取消北戴河会议。可能他也感到，提前密议高层人事、包括重要决策将会导致一系列痼疾弊害。然而，数年后这制度又复活了，据说皆因元老们的极力反对。

在1980年代至1990年代的中国,已退休的八大元老权势熏天,故被批判为“八老治国”。当今中国已成为世界大国,须以法治取代人治，因而大家也期待领导层的选举更加透明。

北戴河会议的历史使命不是已经结束了吗？然而，在秋季党

をしてほしい。
　秋の党大会を前に、海辺の一部を立ち入り禁止にして、密談で根回しする北戴河会議は、歴史的な役割を終えたのではないだろうか。

　最高指導部の政治局常務委員入りが確実なのは、習近平国家副主席と李克強副首相の二人といわれる。胡氏は出身母体の共産主義青年団（共青団）派が過半数を占めるよう、現在九人の常務委員を七人に戻したい意向だという。

　権力闘争なのだから、さまざまな駆け引きがあるのは仕方ない。
　だが、どんな指導部になろうとも、新たな総書記が率いる次の十年間は、一党独裁の権威主義的な政治体制を改革していくことが、最も重い任務となろう。

　春の全国人民代表大会（全人代）閉幕後の記者会見で、温家宝首相は「経済だけでなく、政治体制、特に党と国家の指導制度改革が必要だ」と力説した。だが、こうした考えは少数派である。

　中国が近隣諸国と平和的な関係を保ち、汚職や格差の問題で国民の不満を解消するには、強権政治の改革が何よりも求められる。新たな指導部には、いばらの道ではあっても、政治改革に大胆に一歩を踏み出してほしい。

代会来临之前，海滨一带被重新划为禁区，密谈制又重返老巢北戴河。

习近平国家副主席、李克强副总理两位，确定已入国家最高领导层的政治局常委。据说胡欲使常委半数以上人选为自己的母体——共青团出身的团派，他有意将现在的九常委恢复到七人体制。

缘于权斗，纷争角力又奈何！

然而，无论是怎样的团队，在新总书记即将挂帅的这十年里，最为繁重的任务就是对一党独裁、权威主义政治体制实施改革。

在春季全国人大闭幕后举行的记者招待会上，温家宝总理竭力指出:“不仅仅是在经济方面，还要在政治体制，特别是党和国家的领导制度上进行制度改革”。但是,具有这等考量的人尚为少数。

中国若要确保与诸国近邻和平相处，消除国民对腐败、贫富差距的不满，首先就要对强权政治进行改革。

即使前方荆棘密布，我们仍希望新的领导团队，在政治改革上也要勇敢地跨出一步。

社説 ……………………………… ❹

静かにしっかりと支配

尖閣国有化 [2012. 09. 12]

政府が尖閣諸島の国有化を決めた。領土保全は国の仕事であり、当然の措置である。実効支配を堅固にすることは大切だが、関係深い隣国である中国との、摩擦を強めるような動きは慎みたい。

野田佳彦首相は、国有化の理由を「平穏かつ安定的に維持管理する観点から」と強調してきた。尖閣諸島は国際法上も歴史的にもわが国固有の領土である。東京都ではなく国が購入することは、領土保全の面から、理にかなった対応であると理解できる。

国有化の判断には賛成するものの、日中関係で緊張が高まっている時期の決定には疑問もある。

民主党代表選に向け、野田首相は「領土・領海の防衛に不退転の決意」と述べた。強い外交姿勢を示したいという内向きな思惑が強かったのであれば、中国の反発に思慮が足りないといわれても仕方がない。

中国外務省は間髪をいれず「政府と人民の断固たる反対と強烈な抗議」を表明した。

ロシアでのアジア太平洋経済協力会議（APEC）の際、野田首相と胡錦濤国家主席の立ち話で、胡主席が「島購入は不法であり無効だ。断固として反対する」と強い口調でクギを刺した

安静正当的管控

“尖阁”国有化 [2012. 09. 12]

内容提要

政府决定将尖阁诸岛（钓鱼岛及其附属岛屿）国有化。捍卫领土完整是国家的职责，采取措施理所当然。然而，强化实效支配固然重要，但因此与关系深厚的邻国——中国增强摩擦的做法当慎之又慎。

野田佳彦首相强调“国有化的理由是为了平稳安定的维持管理”。尖阁诸岛无论是国际法还是历史上，都是我国（日本）固有领土。由政府出面购岛，而不是东京都，从保全国土层面来说，非常合情合理。

即使赞成政府的国有化判断，但在日中关系高度紧张时做出如此决定，亦是令人疑团重重。

在进行民主党党首选举时，野田首相曾表示“已决意在领土、领海防卫上绝不退让”。若仅为民主党内部而表达一味的强烈诉求，在外交问题上持这般强硬立场，被外界批评为对中方的反对意见考虑不足，这又有何奈呢。

千钧一发之际中国外交部发表声明称：“中国政府和人民表示坚决反对，强烈抗议”。

俄罗斯 APEC 峰会期间，野田佳彦首相和胡锦涛主席的走廊交谈时，胡主席口气强硬警告道：“购岛是非法无效的，中方坚决反对”。

ばかりである。

トップ会談で反対を表明した直後に、日本が国有化を正式表明し、中国は「メンツをつぶされた」として、強く反発した。
それはもちろん、中国の事情である。しかし、外交、また国と国との経済、友好、文化などの関係は、相手あっての事柄である。
尖閣、竹島、北方領土などわが国固有の領土をきちんと守る姿勢は大切だが、不要な緊張や摩擦を避ける努力も求められる。

歴史的に、中国が尖閣を手に入れようとする「保釣運動」は、日本の侵略戦争の被害者の賠償を求める運動から始まった。尖閣問題で中国世論が沸騰すれば、激烈な反日運動につながりかねない。

中国は、指導部が交代する秋の党大会を安定的に乗り切るため、尖閣の火種が大きくならないよう神経をつかってきた。APECで胡主席が立ち話に応じたのも、ぎりぎりの政治判断であろう。

だが、党大会を前に国内で「弱腰批判」が強まれば、一気に強硬姿勢に転じる可能性が高い。実効支配を支える国有化という現実は進んだ。新たな施設を造ることで中国を困らせるのは、今は得策ではない。

在首脑会谈上中方明确表示反对后，日本正式表明国有化，激起中国强烈抗议，称“不顾中国人民的面子”。

理所当然，必须斟酌中国的国情。然而在外交方面，更明摆着国与国之间的经济、友好程度、文化关系等方面，这些权衡都是彼此不可缺少的。

当然，保住尖阁、竹岛、北方领土等我国固有领土的姿态非常重要，但在避免不必要的紧张和摩擦上是否也要多下功夫呢。

历史上中国为取得尖阁进行的“保钓运动”，始于日本侵略战争引发的战争索赔运动。若尖阁问题在中国导致舆论沸腾，将直接引发强烈的反日示威运动。

中国为了稳定即将召开高层更替的秋季党代会前的局面，认真考虑以防止尖阁问题扩大。APEC 峰会期间胡主席（与野田）走廊会谈的一番话，应该是最大程度的政治判断。

然而，在党代会前，若中国国内对日本“太懦弱的批评”的评判升级，则极有可能导致中国转向强硬的态势。（日本）支持实效支配的国有化事实上有了进度，进而继续兴建新设施来困扰中国，未必是良策。

言う莫れ(なかれ)、ではなくて

莫言氏受賞 [2012. 10. 12]

ノーベル文学賞が中国の作家、莫言氏に贈られる。表現の自由が制限される中国で、政治に仕える文学でなく、土地と民衆に根を下ろした表現を貫いた。自由に発表のできる先駆けとなってほしい。

中国では珍しい農村出身の作家である。八人兄弟の末っ子でもあり、本紙の取材に「一日に三食ギョーザが食べられると聞いて」作家を目ざしたと答えた。ユーモア感覚を持つ人でもある。

代表作には、張芸謀監督が映画化し、日本でも話題となった「赤い高粱」をはじめ、「酒国」や「豊乳肥臀(ひでん)」などがある。多くは、山東省の故郷をモデルにした架空の村を舞台に、たくましく、したたかに生きる農民を描いた。

中国の農村を、時空を飛び越えて、幻想的に描く手法が「魔術的リアリズム」と評される。ノーベル賞作家、ガルシア・マルケスの影響を受けたとも言われる。

共産主義の模範的人物は描かない。文化大革命の時代に大いに宣伝された「文学は政治に奉仕するもの」という、中国文学の伝統を打ち破った一人ともいえる。

近著「蛙鳴(あめい)」では、現代中国の社会問題の一つである一人っ

真的莫言吗？非也

莫言获奖 [2012. 10. 12]

内容提要

诺贝尔文学奖授予中国作家莫言。在言论自由受到限制的中国，其文学作品不为政治左右，表现在始终的扎根于土地和人民。诚祈（莫言）能成为自由发表的先驱。

中国农村诞生了一位罕见的农民作家，他是八兄弟里的老幺。在接受本报专访时，他说道:“听说当上作家后，一日三餐都能吃上饺子”，真是位幽默风趣的人。

其代表作被张艺谋拍成电影搬上银幕,“红高粱”在日本亦广受欢迎，此外还有《酒国》、《丰乳肥臀》等等。作品大都描写以故乡山东为蓝本的虚构的乡村，塑造出一批魁伟、坚毅、为了生存的农民。

他以虚构、超越时空的描写手法叙述中国农村的故事，被誉为“魔幻现实主义”。亦有说他深受诺奖获得者加夫列尔·加西亚·马尔克斯的影响。

不写共产主义模范人物,（不走）文革时代曾大肆宣扬的“文学艺术必须为政治服务”的路线。可以说他是打破中国文学传统的人物之一。

近著《蛙》深入而尖锐地剖析了当今中国社会所存在的计划生育政策非人性问题。作为从农民作家走上文坛的莫言，其所拥

子政策の非人間性に鋭く切り込んだ。農民作家としてスタートした莫言氏は、今や文芸の領域にとどまらない発信力を持つと言える。

中国にとっては、獄中にある民主活動家、劉暁波氏に続く二人目のノーベル賞受賞となる。二年前の劉氏受賞の時と異なるのは、初めて中国共産党や政府と国民が、喜びを分かち合える受賞となることであろう。

中国は、共産党の一党独裁を批判する劉氏がノーベル平和賞の授賞式に出席することを認めなかった。国際社会は「中国が巨大な監獄になった」と批判した。
世界第二の経済大国になりながら、権力に歯向かう獄中犯しか受賞者がいないことに、中国ではいらだちと反発が強かった。

だが、莫言氏の受賞を機会に良く考えてほしい。社会の矛盾を克服し、市民の権利を広げようと言う声を抑圧するのは、真の大国にふさわしいのだろうか。

文革時代の文芸政策を推進した「四人組」の打倒は、政治的な建国に続き、文化面では「第二の解放」とも呼ばれた。

莫言氏の受賞決定を好機に、第三、第四の解放とでもいえるような自由な言論空間を広げてほしい。それが、中国の政治改革につながることを期待したい。

有的传播力不仅限于当下文坛。

在中国，他是仅次于如今仍在狱中的民主活动家刘晓波之后第二位诺贝尔奖获得者。和两年前刘晓波获奖不同，中国党政府、民众首次欢天喜地的分享获奖的喜悦。

中国不让批评共产党一党独裁的刘晓波参加诺贝尔奖授奖式。对此，国际社会指责“中国成了一个巨大的监狱”。

在中国成为世界第二大经济体的同时，却只有身陷囹圄的反抗权力者才能获诺贝尔奖，中国的焦躁和反感可想而知。

然而，借莫言获奖之机，中国当局是否应该反思一下呢。针对那些希望克服社会矛盾、扩大市民权力的呼声一律采取压制态度，哪里符合真正大国应有的风范呢。

文革时代文艺路线的始作俑者“四人帮”被打倒，标志着继新中国成立后，文化方面的“第二次解放”。

此次，我们希望借莫言获奖这一大好时机，扩大舆论自由的空间，促成第三次、第四次解放，并期待以之促动中国的政治改革。

社説 ……………………………………………… 6

メディア党の舌なのか

中国紙改ざん [2013. 01. 09]

中国の週刊紙「南方週末」の記事差し替えに、記者たちが抗議デモに踏み切ったのは勇気ある行動だ。当局は安定を最優先に抑え込みに躍起だが、言論の自由の尊重こそが中国のためではないか。

掲載しようとしたのは、憲法に基づく民主政治を訴える内容だという。それが、習近平総書記が唱える「中華民族の偉大な復興の夢」が柱の記事に差し替えられた。

中国の憲法は、公民に言論や出版の自由を認めている。だが、こうした記事改ざんと批判されても仕方のない事態が起こるのは、党中央宣伝部が新聞や出版などを検閲し、統制しているからだ。

党の指導が憲法よりも優先するのが現状である。それでは、言論や個人の自由はないに等しい。メディア管理の総責任者である劉雲山・党政治局常務委員は、北京での会議で「メディアは党と政府の声をきちんと伝えないといけない」と、指示したという。

メディアを「党の喉と舌」である宣伝機関とする共産党の伝統的な考えであろう。そして、メディア統制の最大の目的は、社会の安定であるという。

媒体是党的喉舌吗

中国报纸被篡改 [2013. 01. 09]

内容提要

由于中国周报《南方周末》元旦献词内容遭篡改，记者们勇敢的采取了集会抗议行动。当局为了维稳而抑制了激化的势头，不过，强调尊重言论自由岂不是为了中国吗？

原来准备刊登的是一篇诉求基于宪法的民主政治文章，后来改为与习近平总书记提出的“中华民族伟大的复兴梦”相关的文章。

中国宪法承认公民的言论自由和出版自由。不过，诸如此类版面内容临时被改而又万般无奈，根源在于中央宣传部门对报社、出版社的检查和管控。

实际情况是党的领导凌驾于宪法之上，这就等于没有言论和个人自由。

媒体管理的总负责人、政治局常委刘云山在北京的会议上下达指示：“媒体要把党和政府的声音传播好”。

新闻媒体是党的喉舌，是宣传机构，这是共产党的传统思想。这样，对媒体管控的最大目的，就成了维护社会的稳定的口实。

可是，不符合党和政府意图的新闻报道都得“躺枪”，为管控消息要求各家媒体统一使用国家通讯社新华社通稿的做法，无疑

だが、党や政府に都合の悪いニュースを伏せ、国営新華社通信の管制情報を各メディアが一斉に使うよう求めるような態度は、健全な国民の判断力を侮るものである。それでは、真の民主社会の進展は望めない。

党中央機関紙の人民日報はじめ党報と呼ばれる新聞に対し、愛読者が増えているのは一般の商業紙などである。
なぜなら、汚職腐敗などの調査報道に強く改革志向だからだ。南方週末もそうした自由な編集方針の週刊紙である。

言論や報道の自由が、民衆の利益を守るということに、多くの人たちが気づき始めているのだ。ネット社会でもある。「網民」と呼ぶネット利用者は五億人近いという。堅固な検閲システムをくぐり抜け、当局の隠したい情報が一気に広がる社会でもある。

二〇〇三年に北京大助教授の「中央宣伝部を討伐せよ」という論文がネットで広がった。メディア統制の闇を暴き、海外で出版されたが、中国では禁書だ。
論文は「（前略）いずれも、この母国で自由に生活し、自由に表現し、自由に話す権利を持っている」と指摘していた。

言論を封殺するのではなく、その自由を尊重してこそ、真の大国への第一歩であろう。そうした選択が実は中国のためでもある。

对具有完全判断力的国民是一种侮辱。也因如此，将无法期待进入真正的民主社会。

相对最早被称作党报的中央机关报人民日报之类，一般商业报刊的读者粉丝人数全线上升,因为这些报刊强化反腐的报道,明确提出了改革要求的趋向。南方周末正是这样一家以自由编辑为导向的周报。

言论和报道自由是维护民众利益的法宝，多数人似乎刚刚明白这一点。

步入网络社会，被称为“网民”的网络用户接近五亿人。其中也有通过“翻墙”,逃过坚固的检查系统,将当局不欲为人所知的消息捅向社会。

2003年,北京大学某副教授的论文“讨伐中宣部”在网上广为流传，此书揭露了对媒体的暴戾管控，海外虽有出版，但国内被列为禁书。

该书指出“不管怎样，我们在祖国拥有自由生活，自由表现，自由说话的权力”。

不去封杀言论，尊重言论自由，才是成为真正意义上的大国的第一步。做出这种选择，才是真正为了中国的明天。

社説 ……………………………………… ❼

「風波」のように消せぬ

天安門事件① [2013. 06. 04]

中国指導部から「政治改革」の言葉が消えた。それどころか一党独裁堅持のため、言論統制を強めている。民主化の動きを武力弾圧し、国際的に孤立した天安門事件の教訓を思い起こしてほしい。

中国は一九八九年六月四日の大事件を、逆に軽く「政治風波」とも呼ぶ。二十四年を経る前に、共産党は北京や上海の大学に対し「報道の自由」など現体制を脅かしかねない七つの言葉を、授業で使わないよう通達したという。

本紙の取材に、上海の大学教授は学内の会議で大学幹部から口答で説明があったと明らかにしている。政権基盤のまだ固まらない習近平指導部が、内向けに保守色を強めているなら気がかりだ。

七つの禁句には「公民の権利」「司法の独立」など、民主政治の基礎となるような言葉が並ぶ。九〇年代生まれの「九〇後」と言われる多くの大学生にとって、事件は生まれる前のことだ。

中国は、一党独裁を守るために民主化の動きを武力弾圧した共産党の過去の誤りを総括せず、若者にきちんと教えてもいない。

总似“风波”不消停

天安门事件① [2013. 06. 04]

内容提要

“政治改革”从中国高层用语中消失。不仅如此，为坚持一党独裁，进一步强化言论管控。希望（大家）牢记武力镇压民主化运动而遭受国际孤立的天安门事件的教训。

对 1989 年 6 月 4 日发生在天安门的重大事件，中国轻描淡写地称之为“政治风波”。事经二十四年之际，共产党对北京和上海的大学，发出禁止在课堂里使用“报道自由”等容易威胁现实体制的七不讲的通知。

上海某大学教授在接受本报采访时明确指出，在校内会议上校领导做了口头说明。习近平领导团队的政治基础尚未稳定，若是其内部过于强化保守色彩则令人堪忧。

禁句七不讲包括“公民权利、司法独立”等，包括民主政治基础之类的言词。

对众多出生于 1990 年代被称为“90 后”的学生来说，（六四）事件发生在他们出生之前。

为维护一党独裁，中国既不总结过去共产党用武力镇压民主化运动的错误行为，亦不对年轻人如实相告。

进而在教育方面如此“禁言”，将来中国年轻人和拥有多种价值观的世界上的年轻人之间，是否将失去国际社会共享未来所知

さらに、教育の場でこのような“言葉狩り”をするのなら、中国の若者たちは将来、多様な価値観を持つ世界の若者たちと、国際社会で共に未来を語る知的基盤すら失うことにならないか。

二〇一二年の全国人民代表大会（全人代）を振り返ると、温家宝前首相は「政治体制改革が成功しなければ経済体制改革は徹底できない」と危機感を述べた。

ところが、習指導部が発足して初の今春の全人代では、習総書記は一転、「共産党指導の堅持」や「中華民族の偉大な復興」を強く訴えた。習氏も李克強首相も政治改革には重きを置かなかった。

今の中国の大きな問題は、不平等な競争社会で階層が固定化され、とめどもない格差が広がっていることだ。政治改革でこうした社会矛盾の解決に切り込むのではなく、大国の夢をふりまき求心力を高めるようなやり方では、一時的な安定しか手に入れられない。

中国は事件を「反革命暴乱」とし、「政治風波」とも呼んできた。中国語で「もめごと」という意味もある「風波」という言葉で、武力弾圧を矮小化しようとするのなら誤りである。

民主活動家への締めつけや言論統制は今また、強まっている。事件を風化させ、人々の記憶から風や波のように消し去るのは、歴史の逆行にほかならない。

所语的基础呢。

回望 2012 年全国人大，前总理温家宝曾颇具危机意识地讲道：“如果政治改革不成功，经济体制的改革也不可能彻底”。

谁知到了习领导团队起步的今春（2013 年）的全国人大，习总书记来了一个急转，强调“坚持共产党领导”和“中华民族伟大的复兴”，习和李克强总理都将政治改革置于脑后了。

眼下中国尚存很大的问题，不平等竞争的社会阶层被固定化，贫富差距不断扩大蔓延。若不着眼政治改革来解决如此众多的社会矛盾，仅一味挥舞大国梦想，去追求高涨向上的向心力，换来的只能是一时的稳定。

中国将事件称作“反革命暴乱”，并定格为“政治风波”。而中文中的“风波”一词仅仅意味着“纠纷”的意思。借此来淡化武力镇压的色彩，为显而易见的错误。

现今，民主活动家的行动依然受到限制、言论自由依然受到管控。事件多被风化，亦欲抹去人们脑海中对风波的记忆，造成的只能是历史的逆行。

社説 ……………………………………… ❽

不戦の精神忘れまい

日中の平和条約 [2013. 08. 17]

終戦の日に安倍晋三首相は靖国神社を参拝しなかった。日中が不戦の精神をうたった平和友好条約の調印から三十五年である。日中が知恵を出し合って歩み寄り、最悪の関係から抜け出してほしい。

安倍首相は靖国参拝を見送り、自民党総裁として玉ぐし料を奉納した。首相は、第一次政権の時に参拝しなかったことを「痛恨の極み」と語っていた。ただ、首相が戦没者追悼式の式辞で、アジア諸国への加害責任に触れなかったのは残念だ。

中国の国営新華社通信は条約の調印記念日にあたる十二日、日中関係について「国交正常化以来、最低の谷に陥り、これは完全に日本の責任だ」と、非難する論評を公表した。

安倍首相が靖国参拝をしないよう圧力をかける狙いがあったのかもしれない。だが、尖閣周辺での中国の挑発的な動きを見ても、関係悪化の責任が日本だけにあるという指摘は誤りである。

中国指導者が領土問題などで反日ナショナリズムを極端にあおるのであれば、逆に日本人の国民感情を傷つけ、関係修復の機会は遠のくことを胸に刻んでほしい。

勿忘不战的精神

日中和平条约 [2013. 08. 17]

内容提要

这个终战纪念日安倍首相没有参拜靖国神社。今年是日中承认不战精神《中日和平友好条约》签署三十五周年。希望日中两国共举智慧，相互礼让，走出困境。

这次，安倍首相没有前往靖国神社参拜，而仅以自民党总裁名义向神社供奉了“玉串料”（祭祀费）。他表示第一次执政时期未能参拜“极其悔恨”。

而令人遗憾的是，安倍首相在战殁者追悼致辞中并未提及对亚洲各国的加害责任。

（2013 年）8 月 12 日是《中日和平友好条约》签署三十五周年纪念日，当天，国家通讯社新华社发表评论文章谴责日本，称“中日关系陷入邦交正常以来最低谷，责任完全在日方。”

这或许意在对安倍首相施压，迫使其放弃参拜靖国神社。不过，从中国在尖阁（钓鱼岛）周边挑衅举动来看，日中关系恶化的责任全在日本的说法有失偏颇。

切切请记，如果中国领导人就领土等问题煽动反日的极端民族主义，反而会伤害日本国民感情，修复两国关系的机会也行将渺茫。

平和友好条約に調印した三十五年前を振り返ってみたい。
訪中した園田直外相は鄧小平副首相との会談で「繁栄し強国となっても覇権を求めないことを実証してほしい」と求めた。
鄧副首相は「中日両国はともに覇権を求めないことを確認しよう」と応じ、園田外相は「条約締結はアジアの平和、繁栄につながる新しい秩序をつくるためのものである」とひきとった。

条約には、主権や領土保全の相互尊重や、紛争の平和的手段による解決などが盛り込まれた。日中の先人が条約に込めた思いは、不戦の精神であったといえる。

その原点に立ち返れば、わが国は、「植民地支配と侵略」に対する痛切な反省と心からのおわびを表明した「村山談話」の重みを忘れてはならない。いかに政権が代わろうとも、その精神を引き継いでいく責任がある。

中国は大国となり「中華民族復興の夢」を掲げる。だが、その目ざすべき道は、平和的台頭のほかにはありえないことも、あらためてクギを刺しておきたい。

安倍首相は関係改善に向け、靖国神社を参拝しないという抑制的な態度をとった。中国も「最低の谷」から、共にはい上がる努力をみせてほしい。

回顾三十五年前友好条约缔结之时。园田直外相访华与邓小平副总理举行会谈，会上，日方要求中方保证即便今后繁荣，成为强国后，也不谋求霸权。

对此,邓副总理回应称,中日都应该相互确认不谋求霸权。园田外相紧接着说,“签署条约是为了建立有利于亚洲和平与繁荣的新秩序”。

条约包括相互尊重主权和领土完整，以和平方式解决争端等内容。日中两国老前辈在条约中倾注和寄托的，正是不战之精神。

重返这一原点可见，我国不能忘记对“殖民统治和侵略”做出深刻反省和由衷道歉的“村山谈话”的厚重意义。无论谁上台执政，都有责任继承这一精神。

作为大国的中国正在揭示“中华民族复兴梦”。然而,我们强调唯有和平崛起，才是中国应走的道路和方向。

为改善日中关系，安倍首相放弃参拜靖国神社，采取了克制态度。同时，我们也希望中国能为日中关系走出“最低谷”、为改善关系做出努力。

社説 …………………………………… ❾

「法治」は貫かれたか

薄・元書記判決 [2013. 09. 23]

巨額収賄などの罪に問われた中国・重慶市元トップの薄熙来被告（64）に、山東省の地裁は無期懲役を言い渡した。反腐敗への厳しい判決だが、司法の独立は保たれたとまでいえるだろうか。

地裁は収賄、横領、職権乱用の罪について、無期懲役の判決を言い渡し、全個人財産の没収、政治権利の終身はく奪を命じた。

薄被告が法廷で全面否認した起訴内容を、地裁はほぼすべて認めて無期懲役とした。

中国は二審制であり、薄被告は上訴する権利がある。だが、党籍はすでにはく奪され、政治権利も奪われた。薄被告の年齢も考えれば、政治生命は完全に失われたといえる。

この裁判で最も注目すべきは、政争の敗者である被告に対する裁判で、政治色を持ち込まず、法治が貫けるかどうかであった。

中国憲法は「共産党の指導」をうたい、一党独裁体制であることは言うまでもない。

だが、一九九九年の憲法改正では、「依法治国」という法治国家の原則が追記されている。

“法治”得到贯彻了吗

原薄书记的判决 [2013. 09. 23]

内容提要

山东地方法院对被告薄熙来（64 岁），原中国重庆市一号人物以巨额受贿等数罪并罚，判处其无期徒刑。这是反腐败中所呈现的严判，但能否说司法独立就此得到保障了呢。

地方法院做出宣判，决定将薄熙来以受贿罪、侵吞公款罪、滥用职权罪判处无期徒刑，并处没收个人全部财产，剥夺政治权利终身。

被告薄在法庭上全面否认指控，而地方法院又几乎全面认定起诉内容，薄最终被判处无期徒刑。

虽然中国实行二审制度，被告薄也拥有上诉权利，然而其党籍和政治权利已被全部剥夺。若从被告薄的年龄来考虑，可以说其政治生命也已完全丧失。

此次审判最令人瞩目的焦点是，对因政治斗争失败而沦为被告的审判能否摆脱政治色彩，依法治执行。

中国宪法是“共产党领导下”一党独裁体制的产物，这点毋庸置疑。但 1999 年修改宪法时，增加了“依法治国”这一法制国家的原则。

审理结束后，共产党党报人民日报发表社评称“用法治思维

共産党機関紙、人民日報は結審を受け「法治的な発想で腐敗に反対する」とする社説を掲げた。裁判を見る限り、被告の親族や一般市民の傍聴が認められ、メディアへの説明会も開かれた。審議の公開制や透明性は一定程度、確保されたといえる。

だが、公判は異例ともいえる五日連続での集中審議で進められ、結審から一カ月足らずでのスピード判決であった。

党の重要会議である三中全会を十一月に控え、大衆動員の政治運動で権力闘争をしかけた「薄熙来事件」に、早く幕をひこうとした面はないであろうか。

中国指導部は「トラもハエもたたく」と、高官であろうと汚職に厳罰でのぞむ姿勢を示した。元鉄道相には今年七月、六千四百六十万元（約十億三千万円）の収賄横領で、執行猶予付き死刑判決が言い渡された。

地裁判決は、薄被告の収賄横領額を約二千六百万元と元鉄道相よりかなり低く認定し、無期懲役を言い渡した。

いまだに一部国民に人気のある薄被告に死刑判決が出れば、社会の動揺を招きかねない。
もし死刑を回避しつつ、政争の敗者である薄被告に、近年の政治局員経験者として最も重い見せしめ的な厳罰を科す政治の意志が働いたなら、司法の独立は保たれたといえない。

和法治方式反腐败”。但见庭审,被告亲属和一般市民被允许旁听,并向媒体进行了新闻通报会。审理的公开性和透明性在一定程度上得到保障。

但是，此案亦可谓公审中之异类，五天连续集中审理后，以不到一个月的速度宣判结案。为不影响 11 月党的重要会议三中全会的召开，趁早将以动员群众运动做招数，以争权夺利的政治性质的“薄熙来事件”落下帷幕。

中国领导层提出“老虎苍蝇一起打”，展示出无论官多大，只要有贪腐就必严惩的姿态。今年（2013 年）7 月，原铁道部长因贪污受贿六千四百六十万元（约十亿三千万日元），被判死缓。

地方法院判决认定薄贪污受贿金额为二千六百万元，比原铁道部长低得多，却被判无期徒刑。

倘若对至今在部分百姓中人气尚存的薄判处死刑，或许会导致社会的动荡。

如果仅为回避死刑，对曾经的政治局委员、政治斗争的败阵者薄突显政治意志，施之严刑峻法以儆效尤，那么这怎能称司法独立得到确保了呢。

社説 …………………………………… ⑩

歴史的役割は終わった

中国の二元戸籍 [2013. 11. 05]

中国で戸籍を通じた都市と農村の二元管理が曲がり角を迎えている。農民に対する社会保障制度は破綻寸前である。何より農民への社会的な身分差別となっている今の戸籍制度を見直すべきである。

中国で農民は「二等公民」と呼ばれることすらある。農民とは農業に従事する人たちという意味だけでなく、党や国の戸籍制度によって差別され、虐げられた社会的身分をも表すからである。

中国は一九五八年に「戸口（戸籍）登記条例」を施行した。都市戸籍と農村戸籍を厳格に分け、農民を農村にしばりつけた。最も根本的な目的は、都市への安定的な食糧供給を図ることと、農民の都市流入による治安の悪化を防ぐことであった。

改革開放政策が始まる前、中国は全人口の八割を農民が占める「農民大国」であった。その農民たちが半世紀以上も、移動の自由を奪われ、都市のために犠牲になってきたといえる。

もっと大きな差別は、都市住民は年金、医療、教育、住宅などの面で手厚い社会保障を受けられたのに、農民には十分な社会保障の恩恵がなかったことである。中国政府によれば、二〇一一年に、都市人口が農村人口を上回った。だが、社会保障分

历史作用已告终

中国的户籍双重制 [2013. 11. 05]

内容提要

中国城市农村户籍双重管理将迎来转折点，对农民的社会保障制度频临崩坏。因此，导致农民的社会身份受到歧视的现行户籍制度是该重新审视了。

在中国农民被称作“二等公民”，“农民”一词不仅是指从事农业劳动的人员，更表明他们在党和国家的户籍制度上被差别对待，遭受歧视的社会身份。

1958年中国实行了“户口登记条例”，严格区分城市户口和农村户口，将农民绑定在农村这块土地上。最早的原始初衷，是向城市提供最稳定的粮食供给，以防止农民流入城市导致治安恶化。

在改革开放政策实施前，中国是农民占全国总人口百分之八十的“农民大国”。足有半个世纪以上,这些农民们被剥夺了迁徙自由，可谓为了城市而牺牲了自身。

更大差别在于，城市居民享有退休金、医疗、教育、住宅等优厚的社会保障，而农民却无法充分享受到这些。

据中国政府称，2011年城市人口超过了农村人口。然而，社会保障方面的财政支出中，城市占九成，而面向农村的仅有一成。

野での財政支出は都市向けが九割を占め、農村向けは一割にしかすぎない。

農民工といわれる出稼ぎ農民は約二億六千万人にも上るが、農村戸籍のため都市で年金など社会保障は受けられない。子弟は就学や就職でも差別を受けてきた。農地を手放した失地農民は推計二億人以上というが、地方都市に住みながら農村戸籍のままだ。

豊かになった成長の果実は都市住民ばかりが享受している。農村に生まれたというだけで社会的に差別されるような二元管理は、歴史的な役割を終えたといえる。だが、戸籍制度は社会の安定に直結している。農村戸籍を廃止すれば農民が一気に都市に流入し社会的混乱の恐れもある。改革には知恵が必要であろう。

住宅購入や高額納税などの条件で、居住証や都市戸籍を与える地方政府や都市もある。現実は進んでいるのだ。

まず、戸籍制度から社会保障や教育、就職などのさまざまな権利を切り離すことが考えられる。そのうえで、戸籍に関係なく居住地をもとに等しく行政サービスを受けられる制度に見直していくことが必要ではないだろうか。

被叫做农民工的外出打工农民，虽然已升至约二亿六千万人，但因他们是农村户口，在城市里得不到退休金等社会保障。他们的子女在就学、就职上都遭到歧视。

据推算估计，放弃土地的失地农民人数达二亿以上，即便他们人居住在城市，却仍还是农村户口。

城市居民充分享受到城市发展繁荣的成果，而遭到社会歧视被双重化管理的则因农村出生，应该结束这种历史影响了。

然而，户籍制度直接影响社会安定，若废除农村户口，农民会蜂拥流入城市，造成社会混乱。因此，改革需要智慧。

但现实情况也在进步。在诸如购置住房、高额纳税等条件下，有些地方政府和城市会发放居住证和城市户口。

首当其冲且必须考虑的是，应切割户籍制度与社会保障、教育、就职等权力之链。在此基础上，实施与户口无关且以居住地为主的行政服务体系，实在大有必要。

社説 ……………………………… ⓫

民主の魂入れてこそ

中国の農村選挙 [2014. 05. 06]

中国で二年前、選挙で初めて村幹部を選んだ烏坎村で二度目の選挙があった。選挙にのぞんだ農民には前回のような高揚感はなかったが、村民自身の投票でリーダーを選ぶ自治を守りぬいてほしい。

二年前、激しいデモで腐敗幹部を追放し、初の村民選挙を勝ち取って村幹部を選んだのは広東省東南部にある烏坎村だった。中国で初の村民自治のスタートに内外メディアは注目し、「烏坎モデル」と大きな期待を寄せた。

今回の選挙でも上部機関が候補予定者に干渉する圧力があったが、二度目の民主選挙を実現したのは着実な歩みと評価できる。

中国では一九九八年の「村民委員会組織法」で農民の選挙権が認められている。だが、大半の村で党の指導や不正選挙で村幹部が決められてきたのが実情だ。

それだけに、村人の投票でリーダーを選ぶという自治の原点を、烏坎村の人たちには粘り強く守りぬいてほしい。

だが、現地で選挙を観察すると民主が色あせたと残念に感じる面もあった。候補者名簿もなく、公約を訴える演説会もなかった。

民主必须得有灵魂

中国的农村选举 [2014. 05. 06]

内容提要

两年前（2012 年）首次在中国选举村干部的乌坎村，举行了第二次选举。而面对选举，村民们却失去了上次的兴奋。衷心期盼（他们）能坚持通过村民投票，选出全村领导人。

两年前，通过激烈的抗议游行，赶走了腐败村干部，赢得了第一次村民选举村干部的权力，这就是广东省东南部的乌坎村。

这是中国首次实行的村民自治选举，备受中外媒体关注，“乌坎模式”因此也被寄予了厚望。

虽然在此次选举中候选人遭到了上层干涉的压力，但第二次民选实现的本身，则意味着着实向前的迈进。

1998 年中国通过了《村民委员会组织法》，允许农民有选举权。可事实上，大部分的农村是在党的领导下或者通过不正当选举，才选出了村干部。

因此，希望乌坎村人此次能坚持村民投票选举村干部这一原则，不屈不饶捍卫（自己权利）。

然而，此次在去现场观摩选举时，遗憾地感受到了民主色彩褪色的一面。这里既没有候选人名单，也没有选举演讲的承诺。

自治を求めた原点は、腐敗幹部が私腹を肥やすため村人の土地使用権を勝手に売り払ったことへの強い反発であった。

選挙後は、土地使用権返還の経済的利益にばかり目が向いてしまった。村人はせっかく手にした自治に主体的に参画し、民主に魂を入れる努力を欠いたように映る。

中国の実情について「都市はヨーロッパのようだが、農村はアフリカのようだ」と、中国国内の論文などでしばしば指摘される。

都市との収入格差は公式統計で三倍もあり、戸籍制度で農村にしばりつけられた農民は社会保障や教育などでも差別されている。

李克強首相は「農民の合法的権利と利益を断固守る」と危機感を示している。だが、村民自治こそが農民の利益を守るために最も大きな力になると期待したい。

中国ではかつて、山西省の大寨を自力更生で成功したモデル農村として「大寨に学べ」運動が展開された。だが、中央政府が裏で資金援助していた事実が発覚した。「烏坎モデル」実現の背景には、農村民主化をアピールしたい中国当局の思惑もあるだろう。

だが、農民が村民選挙という武器を手に入れたのは間違いない。党の指導の下での自治という限界を突破できるかどうかは、農民自身の自覚にかかっている。

村民要求自治的出发点在于，他们对腐败干部中饱私囊，擅自变卖村民土地使用权的强烈反感。

但在选举后，村民仍将目光全部聚焦在归还土地使用权的经济利益上。这反映了村民缺乏主体性，好不容易争取到的自治权利，却没有努力地去赋予民主以灵魂。

中国国内的论文、报告等屡屡指出：中国的现状是“城市像欧洲，农村像非洲”。

官方统计（显示农村居民）与城市（居民）的收入差距为三倍之多，因户籍制度被束缚在农村的农民，社会保障和教育等方面均受到歧视。

对此，李克强总理也看到了危机，并表示“要彻底保护农民的合法权利和权益”。然而，我们期望唯有实现村民自治，才是保障农民利益的最大力量。

曾经的中国，将山西大寨自力更生的成功经验树立为农村学习典范，并开展了“农业学大寨”运动。而事后才发现实际上政府一直在背后进行援助的。

在实现“乌坎模式”的背后，也闪现着中国政府为农村民主化思索积极呼吁的身影吧。

毫无疑问，村民选举已成为掌握在农民手上的一项武器。而能否突破党领导下的自治路线，则完全取决于农民自我意识的觉醒。

社説 ⑫

民の熱意を受け止めよ

新ピンポン外交 [2014. 05. 10]

中国の民間有志による「平成のピンポン外交」が成功裏に終わった。日中関係は国交正常化以降で最悪と言われるが、「政冷経涼」を打ち破ろうとする民の努力を、政治は力強く受け止めてほしい。

一九七〇年代に米中関係改善のお膳立てをし、日中国交正常化につながったのが名古屋を舞台にしたピンポン外交である。「小さな白球が地球を動かした」とまで言われる大きな出来事として、歴史に刻まれている。

四十年以上の時を経て、いてつく日中の土壌に関係改善を願う白球を打ち込んできたのは、上海テレビの日本語番組キャスター、呉四海さんたちだった。

「民の力で」と意気込む呉さんたちのピンポン外交の試みに、実は政治都市・北京の反応はいまひとつだったという。

上海で会った呉さんは「偉い人たちにはまだ政治の風向きが良くないと言われました」と思案顔の時もあった。「でも、民間交流が中日の原点であり、その象徴がピンポン外交です」と、民の力を信じ卓球チームを送り込んできた。

中国の五輪卓球女子の金メダリストまで試合に飛び入り参加

请接受民众的热忱

新乒乓外交 [2014. 05. 10]

内容提要

中国民间有志之士组成的“平成乒乓外交”（活动）圆满落帷。虽说中日关系正处于恢复邦交正常化以来最冰点，但希望政治家们能真诚接受民众为打破“政冷经凉”局面所付出的努力。

1970年代，名古屋作为乒乓外交的舞台，为改善中美关系提供了契机，也直接促成了日中邦交正常化。

人们所说的“小小银球转动了地球”，“转”出了惊天动地的大事件，已被历史铭记。

时隔四十年，用飞舞的银球来化解僵冻的日中关系，这是上海电视台日语节目的主播吴四海先生等（友人们）付出的行动。

对有着“民众力量”、意气奋发的吴先生等人跃跃欲试的乒乓外交，事实上政治大都会——北京并未作出积极反应。

在上海见到吴先生时，他深有感触地说:“对高层而言政界可能还没刮东风”，接着又说，“但民间交流是原点，乒乓外交的是一个象征”。为此，相信民众力量的吴先生组织了一个乒乓队前往赛场。

甚至连荣获奥运金牌的女子乒乓队员也临时赶来参加友谊赛，并和日本女大学生加深了友谊。

し、日本の女子大生と友好を深めた。

ピンポン外交で米卓球チームが北京を訪れた時、周恩来首相は「いま、扉は開かれました」と叫んだと伝えられる。国と国の関係が難しい時だからこそ、民の力でもう一度扉を押し開く糸口をつかもうとした呉さんたちの勇気に敬意を表したい。

くしくも平成のピンポン外交チームが訪日した日に、北京では日中の議員交流が再開した。超党派の議員訪中団と中国共産党のナンバー３の会談が実現した。重要な隣国同士であるのに、有力な政治家が会うことすらできないような事態は異常である。

中国側が関係悪化について「主として日本側に問題がある」と言い張るのは一方的であり、納得できない。だが、そっぽを向くばかりでなく、意見を戦わせる一歩を踏み出せたことは歓迎したい。

ピンポン外交では、当時の後藤鉀二・日本卓球協会会長が多くの壁を乗り越え名古屋へ中国チームを招いたことが米中関係まで動かした。平成のピンポン外交の狙いは、日中関係改善の雰囲気と土壌を準備することだったといえる。

そうした民の力を受け継ぎ、力強く扉を押し開けるのは政治の役割であることを、両国の政治家には忘れてほしくない。

当年美国乒乓球队访问北京之际,据说周恩来曾兴奋地说道:“你们的到来，打开了两国人民友谊的大门。”

在国与国关系举步维艰之际，吴先生欲以民众的力量再度推开紧闭的大门，我们对他们的行动深表敬意。

恰逢平成乒乓外交团访日的同一天，中日政治家的交流也在北京重启，由各党派议员组成的访华团实现了和中共第三号人物的会谈。

双方既作为重要邻国，而重量级政治家连面都不见，岂非咄咄怪事。

中方就双方关系恶化，坚称“主要问题都是日本单方面造成的”,这种片面的提法很难令人接受。但是,此时双方不应互不理睬，即使为创造激烈论战而能迈出一步都是好的。

乒乓外交时代，时任日本乒乓协会会长的后藤钾二先生，在突破各种艰难险阻之后邀请中国队至名古屋（参赛）,这一举动甚至撬动了美中关系。而今，平成乒乓外交目的在于改善日中关系的氛围，夯实交流基础。

继承这一民众之力,竭力推开紧锁的大门实属政治的责任,诚望两国政治家千万不要忘记。

社説 ⓭

弾圧では負の連鎖続く

中国新疆の爆発 [2014. 05. 26]

中国の新疆ウイグル自治区でまたも爆発事件が起きた。当局は「重大な暴力テロ」と表明し捜査しているが、民族対立は激化するばかりだ。時間はかかっても、負の連鎖を断つ方策を探ってほしい。

中国指導部にとっての衝撃は計り知れない。上海で開かれたアジア相互協力信頼醸成会議（CICA）で、習近平国家主席がテロに対し「打撃力をより強固にする」と宣言し、中国主導の「アジア新安全保障観」を提唱した翌日に、足元で「テロ」が火を噴いた。

新疆ウイグル自治区では昨年十一月にカシュガルで派出所が襲撃された事件以降、駅での爆破や警察車両襲撃など、中国が「テロ」とした事件だけでも五件が発生した。死傷者は二百人を超える。

李克強首相は三月の全国人民代表大会（全人代）で「人類の文明に挑戦する暴力テロや犯罪を必ずやたたきのめす」と声を震わせたが、習政権の強硬な少数民族政策に対する反発は強まるばかりだ。力による支配は限界にきている。

今回の爆破事件でも朝市の買い物に来ていた漢族だけでなくウイグル族も犠牲になった。「祖国分裂を狙うテロ」と当局が

镇压将导致负面连锁持续

中国新疆的爆炸 [2014. 05. 26]

内容提要

中国维吾尔自治区又发生爆炸事件。当局明确“为重大暴力恐怖袭击事件”予以搜查，这将不断激化民族对立。我们希望无论花多少时间，也要找到割断负面连锁的方法。

事件对中国高层所产生的冲击无法估量。在上海召开的亚洲相互协作与信任措施会议（CICA）上，关于恐袭习近平国家主席刚刚发出了“加强打击力度”的宣言，没想到在中国所主导的“亚洲新安全观”提出翌日，自己的脚下却爆发恐袭事件。

去年（2013 年）11 月，在新疆维吾尔自治区喀什某派出所遭袭事件之后，又发生两起车站遭爆和警车遭袭事件，被中国称做“恐袭”的事件就发生五起。死伤者愈二百人。

李克强总理在 3 月全国人大上含着颤音宣称“坚决打击挑战人类文明底线的暴力犯罪”。此事件反映出习政权对少数民族强硬政策只能遭来强烈反弹，还表明武力统治达到了极限。

本次爆炸事件，牺牲者不仅是前来早市购物的汉族，还有维吾尔族。“企图分裂祖国的恐袭”，每当当局摩拳擦掌予以回击时，（暴徒们）以类似牺牲民众作为报复，这种负的连锁必须加以阻止。

中国历来试图用“胡萝卜加大棒”的政策来维护稳定，即以

拳を振り上げるたびに、報復として民衆が犠牲になるような負の連鎖を食い止めねばならない。

中国は通婚による「漢族化政策」や自治区への有利な財政投入と厳罰という「アメとムチ」で安定を図ろうとしてきた。だが、近年は豊富な天然資源を漢族が独占しウイグル族との格差が広がるばかりの現状に、恨みは深い。

中国はかつてチベットやウイグルなど少数民族の抑圧を批判する欧米に対し「人権問題ではなく内政問題」とはねつけてきた。

だが、二〇〇一年の米中枢同時テロ以降、中国は米国の「対テロ戦」に便乗する形で、イスラム教徒のウイグル族には「テロリスト」のレッテルを張り、弾圧を強めてきた。

四月末には習氏の新疆視察直後にウルムチ南駅で爆破事件が起き、全人代直前には雲南省昆明駅で無差別殺傷事件が起きた。当局はいずれも「ウイグル族によるテロ」とするが、犯行の形態や時期は、少数民族政策に反発し指導部の権威失墜を狙った事件に映る。

中国は最近、外交では大国主義を、内政では強権政治をあらわにしているようで、懸念を覚える。弾圧ではなく、少数民族の宗教や文化を重んじながら着実な対話の道を進めてほしい。

通婚为主的“汉化政策”,对自治区进行优惠的财政补助和严厉惩罚。可是,近年里仇恨亦愈加深。丰富的天然资源被汉族独占,与维吾尔族之间的贫富差距逐渐加大。

因抑制西藏、维吾尔少数民族等，而遭至欧美的批判，中国反驳“这不是人权问题而是内政问题”予以解释。

可是，2001 年美国本土中枢地区同时遭遇恐袭以来，中国以配合美国的“反恐战”，给伊斯兰教徒的维吾尔族贴上“恐怖组织”的标签，以加强镇压。

4 月末，习视察新疆后不久乌鲁木齐车站发生爆炸事件，全国人大召开前夕云南昆明车站发生了无差别砍人事件。当局将这类事件统称为“来自维吾尔族的恐袭”。但观犯罪形态和时期,诸类事件均反映出对方反对中国的少数民族政策，企图让领导人丧失威信。

最近，中国在外交上以大国主义，内政上更显露强权的实施，由此令人堪忧。期待不采取镇压，而是在尊重少数民族宗教和文化同时朝稳健的对话方向迈进。

不信と不安を取り除け

期限切れ肉 [2014. 07. 25]

中国の米国系会社「上海福喜食品」が使用期限切れの肉類を加工し供給していた不正は、組織ぐるみ犯罪の可能性が高い。中国は今や世界の「工場」である。自らの手で不信を拭い去ってほしい。

衝撃的な映像であった。不正を暴いた上海テレビの工場潜入取材で、肉類の「期限切れ」を指摘する従業員に対し、別の従業員が「死にはしないよ」と平然と答えていた。人の口に入る食品を扱う者として、モラルの低下というだけでは済まない悪質極まりない態度だ。

検査の前には安全基準を満たさない肉類を隠し、検査が済むと再び生産加工ラインに戻していた。上海市の食品薬品監督管理局は工場長以上の指示による「組織的不正」と認定し、市公安当局は社幹部らを刑事拘束した。

一歩間違えば人の命にかかわる重大な犯罪といえる。事件の全容を解明し、厳しく責任者の刑事責任を追及してほしい。

中国で食の安全を脅かす事件の続発は目を覆うばかりである。工場の待遇への不満から、製品のギョーザに農薬成分を混入させた男には一月、無期懲役の判決が言い渡された。河北省の企業は有毒物質メラミンを混入させた粉ミルクを製造し、少なく

消除不信与不安

过期的肉类 [2014. 07. 25]

内容提要

中国的美资企业“上海福喜食品”非法使用过期肉类加工销售，可能已涉及有组织实施犯罪。中国曾被称为当今的世界“加工厂”。希望有一天中国政府能亲自扫除损害信誉的根源。

视频内容令人震惊。为揭露违法行为，上海电视台记者潜入工厂展开调查。当记者针对企业员工使用“过期”肉类提出质疑时,有员工坦然回答说“又吃不死人”。作为提供市民日常食用的食品加工人员，不但道德败坏，其态度也恶劣至极。

该企业在接受检查前，先将不达标的肉类隐藏起来，等检查后又将其重新放回生产线上加工。

上海市食品药品监督管理局认定有厂长以上的干部指使，属于“有组织犯罪”，对公司干部市公安局施以刑事拘留。

只要有一步差错就会引发命案，因此可以说是重大犯罪。希望政府能尽早查清事实真相，严肃追究责任人的刑事责任。

在中国威胁食品安全的事件时有发生，屡见不鲜。

因不满工厂待遇，在饺子里掺入农药的男性于今年（2014年）1 月被判无期徒刑。河北省的企业将有毒物质三聚氰胺混入奶粉制造中，至少夺走五名婴儿性命。

とも五人の乳児の命が奪われた。

腐敗した役人と企業の癒着による安全管理の不徹底が、食の安全をめぐる不正や事件の背景にあると指摘される。

李克強首相は国会にあたる全国人民代表大会の閉幕会見で、食の安全について「生活の質と健康に直結する」と危機感をにじませた。中国政府はこうした癒着の問題に鋭くメスを入れてほしい。

今の中国社会をよく見ると、社会的なモラルの崩壊とすらいえるような状況が気がかりだ。改革開放政策の負の影響ともいえる、行きすぎた“拝金主義”のまん延で、自分さえもうかれば他人はどうでもよいと考えるような、自分中心の冷たい価値観を持つ人が増えているように感じる。

一方、日本の農林水産物の輸入は中国からが米国に次いで多く、二〇一三年は約一兆二千億円にのぼる。この会社から調達していた日本マクドナルド、ファミリーマートは現地工場で安全性をチェックしていたが、その裏をかく会社ぐるみのモラル低下と不正を防ぐ手だては見あたらないのが現状だ。厚生労働省は輸入管理体制の調査を始める。水際でのチェック強化も急務だ。

食品安全事件频发原因，在于腐败官员和企业勾结所导致的安全管理不彻底。

在（等同日本国会的）全国人大闭幕时，李克强总理在新闻发布会上就食品安全问题称“直接关系到人们的生活质量和身体健康”,言语中渗透着危机感。希望中国政府对如此关键问题操刀而决不手软。

深察当今中国社会，道德底线的崩溃令人堪忧。

改革开放政策带来的负面影响导致了“拜金主义”蔓延。这些人以自我为中心且唯利是图，只贪图自己盈利不顾他人的死活，最终，冷血价值观持有者在不断上升。

另外，日本仅次于美国从中国进口大量农林水产品，2013 年的进口额升至约一兆二千亿日元。进口该公司食品的日本麦当劳、全家超市等对当地工厂实施从速安检，但针对这等处心积虑、道德低下的组织犯罪,尚无有效的防范措施。（日本）厚生劳动省开始对进口管理体制予以调查。强化各路报关检查亦当为急务。

社説 ……………………………………… ⑮

名ばかりの1票では

香港普通選挙 [2014. 09. 15]

三年後に香港行政長官を選ぶために中国政府が決めた「普通選挙」の方式に香港住民が反発を強めている。民主派の候補を締め出しての名ばかりの一票の行使では、真の普通選挙とは言えない。

中国の全国人民代表大会（全人代）常務委員会は自ら方式を決めた次の行政長官選挙は、有権者である香港住民が一人一票を行使できる「普通選挙」で実施すると胸を張る。これまでは経済界の代表などでつくる千二百人の「選挙委員会」が長官を選出する、間接選挙の方式だった。

もっと広い市民の民意が反映される投票方式にすること自体は、大きな一歩であると評価できる。

だが、新制度でも各界代表による「指名委員会」をつくり、その過半数の支持がなければ候補にすらなれない。候補者は二人あるいは三人に限定するという。常務委員会がこうしたやり方を決めたのは、親中派が大多数を占める指名委員会のふるいを通して事実上、民主派が立候補できない制度にするためと批判されても仕方がない。

身分や財産などにより選挙権を制限されないのが普通選挙であるが、これでは真の意味の普通選挙からはほど遠い。だから

徒有虚名的一票

香港的普选 [2014. 09. 15]

内容提要

中国政府为三年后（2017 年）香港行政长官选举，决定的“普选”方式遭遇香港市民的强烈反对。若实施这一排挤民主派候选人的徒有虚名一票的（选举），则无法称为真正的普选。

中国全国人大常务委员会感到很自豪，因为他们亲自决定下次行政长官的选举，能让拥有选举权的香港居民以一人一票实施“普选”。

迄今为止的选举是经济界等 1200 位代表组成“选举委员会”，选出行政长官，这是一种间接选举方式。

而“普选”作为一种更能广泛反映市民民意的投票方式，可谓进步巨大。

可是，在新制度下由各界代表组成“提名委员会”，如果得不到一半以上票数，还是无法成为候选人。候选人限定在两人或者三人之间。

常务委员会决定如此选举方式，是想通过在亲中派占大多数的提名委员会（对候选人）进行筛选，事实上民主派无法成为立委候选人。这种制度遭到批判也是理所当然的。

选举权不受身份和财产限制方可称为普选。而这里的普选离真正意义的普选相去甚远。所以说，民主派斥之为“假普选”予

こそ、民主派が「偽の普通選挙」と反発し、抗議デモまで起こしている。香港住民の反発が強いのは、中国が返還時の約束だった「一国二制度」をなしくずしにしつつあるとの不安が根底にあるからだ。

中国政府は六月、香港についての白書を公表し「一国二制度に基づく高度な自治は完全な自治ではない」として、中国政府の統治下にあることを強調した。

常務委員会は行政長官について「国と香港を愛する者」が務めるべきであるとし、人民日報は「中央に対抗する人を長官に任ずることは許されない」と論評した。

これで「普通選挙」と言われても、香港住民は自らの一票で行政長官を選び、香港の自治を実現できるとは思えないであろう。民主派や学生は授業の一斉ボイコットを先がけに、大群衆で香港の経済の中心である「中環（セントラル）」を占拠する大規模な抗議行動に踏み切ると宣言している。

「高度な自治」を踏みにじるような政策には反対すべきだが、民主的な手段に徹するべきだろう。香港住民の生活を脅かし、経済に打撃を与えるような過激なやり方は、共感を得られまい。

以反击，并举行抗议游行。

香港市民强烈抗议的根本原因在于，香港回归中国时所承诺的“一国两制”制度渐以入微发生蜕变，市民对此感到了不安。

中国政府于6月公布的香港白皮书强调：“一国两制基础下的高度自治不等于完全自治”，强调一切都是在中国政府的统治下。

人大常委会称，行政长官人选仅限于“爱国爱港人士”。人民日报评论指出“不允许与中央对抗的人任长官一职”。

若这也能被称做“普通选举”的话，香港居民无法认为自己的一票能选择行政长官，能实现香港自治。

为此民主派和学生率先联合罢课进行抗议，并宣告将有成千上万民众占据香港经济中心“中环”，举行大规模抗议游行活动。

任何践踏“高度自治”的政策都应加以反对，但抗议行动应以民主手段来贯彻。让香港居民生活遭到威胁、经济蒙受打击的过激行为是无法赢得共鸣的。

社説 ……………………………………… ⑯

挫折したわけではない

香港デモ転機 [2014. 11. 21]

香港行政長官選の民主化を求める学生らの運動は転機を迎えた。長期の違法な道路占拠は市民の共感を得られなかった。抗議の方法を考え直し、ひるまず対話で民主を進める運動を続けてほしい。

学生らが立ち上がったのは、中国が五十年間は守ると約束した「一国二制度」をなし崩しにしかねない姿勢を露骨にしたからだ。

香港人による香港統治を意味する「港人治港」を貫くためにも、行政長官選挙の民主化が必要であると訴えたことは説得力がある。

だが、「道路占拠」という違法な手段による運動が長き続き、市民に多大な負担をかけたことで、最終的に民意は離れてしまった。

香港政府のバリケード強制撤去が必ずしも学生らの占拠撤収につながるとはいえないが、より広範な民意の追い風を得られる運動に転換させる必要はあろう。

デモ隊リーダーの一部からは、香港政府庁舎や立法会（議会）周辺だけに限って占拠を続けるなどの案も浮上している。

占拠道路には「普通選挙より食住が先決」との横断幕もあっ

并非是受挫了

香港游行的转机 [2014. 11. 21]

内容提要

要求香港行政长官民主化选举的学生运动迎来转机。长期违法占道并不能获得市民共同认知。试请考虑改换抗议方式，坚持不懈以对话继续推进民主运动进程。

学生们终于站了起来，因为中国明确表示“一国两制”五十年不变的约定正在被蚕食。

为贯彻香港人统治香港的“港人治港”（精神），在行政长官选举时，必须进行民主化选举，这一要求是很具说服力的。

然而，若运动以长期“占据道路”的违法手段展开，市民将承受莫大的负担，最终亦将脱离民意。

香港政府强制拆除路障未必定能使学生撤离，而顺从广泛民意转化运动方式方为必要。

有方案建议学运领袖持续占据香港政府市政厅立法会周边等地。

被占据的道路上打出了“与其普选，不如先解决吃住”的横幅。国际金融大都市的香港，五人中一人为贫困阶层，贫富差距较大陆更为激烈。强迫市民作出牺牲的运动，也应考虑承受限度。

学生们自己关上了企求已久的与香港政府对话的大门，这是

た。国際金融都市の香港では五人に一人が貧困層とされ、貧富の差は実は大陸より激しい。庶民に犠牲を強いる運動には限界がある。

学生らが求めた香港政府との対話の扉を、自ら閉ざしてしまったことが何よりも残念だ。確かに選挙方法改正の承認権は全国人民代表大会（全人代）が握り、香港政府の当事者能力はないに等しい。

だが、香港政府が一時提案した、長官候補を推薦する指名委員会の構成で親中派の団体票を減らし市民票を増やすという案には、民主化の一歩として歩み寄りの余地があったのではないだろうか。

学生らは運動を「雨傘革命」と自称した。だが、政権転覆を狙う革命ではなく、法の下で民主化を進める試みであったはずである。

全人代案の「一人一票」や香港政府の「指名委構成の民主化」などを、「偽の普通選挙」と切り捨てるだけでは、少しも前に進めない。

中国が香港で治安維持を狙う国家安全条例の制定を試みた時には、親中派の立法会議員すら反対し、断念に追い込んだ歴史もある。香港では、対話と説得で政治状況を変えることに期待を持てる。

学生らの運動は挫折したわけではない。国際社会の高い関心を得た。試練をバネに市民から孤立することなく、もう一度香港政府との対話の扉を開いてほしい。

最为遗憾的。认可选举方法改正方案的权力在全国人大，香港政府几乎不具备当事能力。

然而，港府曾经提出的方案，构建提名委员会推荐长官候选，减持亲中派团体选票增加市民票，难道不是向民主化迈进了吗。

学生们以“雨伞革命”自诩，但革命并非以颠覆政权为目标，恰恰是推进法制框架下的民主化的尝试。

全国人大提议的“一人一票”，和港府“提名委员会的民主化”等等，如全部当作“伪普选”予以摒弃的话，那就一步都无法向前走了。

连亲中派立法委员都曾反对，在维持治安上中国为香港制定试行的国家安全条例，也有着被迫放弃的经历。期待香港以对话和说服方式来改变政治状况。

学生运动并没有遭遇挫折，而是得到了国际社会的高度关注。希望以此为契机，努力联系市民，再度打开与港府对话的大门。

社説 ……………………………………………… ⓱

法治利用の危うさも

周永康氏逮捕へ [2014. 12. 09]

中国指導部は周永康・前政治局常務委員の党籍剥奪と逮捕を決めた。腐敗撲滅への断固たる姿勢を示したといえる。だが、党の絶対権力を確立するための法治の徹底であるのなら危うさを感じる。

周永康氏は党内序列九位の座にあった時、司法・公安部門を統括して党内ににらみをきかせ、経済的には石油閥を率いて巨額な利権を手にしたといわれる。党最高権力中枢の政治局常務委員経験者の逮捕となれば、文化大革命の混乱期を除けば例がない。習近平政権が号令をかけた腐敗撲滅の本気度が示されたといえる。

だが、新華社通信は周氏の大きな罪状として「党の政治・組織規律違反」を挙げた。周氏の立件は腐敗撲滅の象徴であるとともに、「法治」をうたった権力闘争の様相が濃厚なことも否定できない。

習氏の強権発動による権力掌握に、党地方組織や人民解放軍からも党中央に絶対忠誠を誓う声が相次いでいる。軍機関紙の解放軍報は、全軍・武装警察が「党中央の決定を断固支持する」と報じた。

中国共産党は秋の重要会議「四中全会」で「法に基づく統治

利用法治的危险性

关于逮捕周永康 [2014. 12. 09]

内容提要

中国领导层决定开除前政治局常委周永康党籍并予逮捕，可谓显示了坚决铲除腐败的姿态。可是，若为确立党的绝对权力而彻底（利用）法治，则令人倍感危险。

在周永康位居党内第九号人物时，统管司法、公安，权倾一时。在经济领域其所率领的石油寡头集团，掌控着巨额利益和特权。

逮捕位居党的最高权力中枢政治局常委，除文革混乱时期外尚属首次，亦显示习近平政权号令下清除腐败动了真格。

时下,新华社列举周的最大罪状为“违反党的政治组织纪律”。周被立案象征清除腐败的同时,亦不可否认在高歌“法治”下,难掩相当浓厚的政治权力斗争色彩。

习强势掌权时，从党的地方组织和人民解放军相继宣示对党中央绝对效忠。军队机关报解放军报报道称,全军和武警部队“坚决支持党中央的决议”。

在秋天召开的中国共产党重要会议“四中全会”上，仍然高唱“加强依法治国”。然而,且不能忽视的实质是会上强调“党的领导是社会主义法治最本质的特征”。

中国推进法治应当受到欢迎的。而在历史上，因领袖级人物

の強化」をうたった。しかし、「党の指導が社会主義法治の最も本質」と強調したことを見逃せない。中国が法治を進めていくことは歓迎したい。カリスマ指導者や長老政治家の「人治」が政治をゆがめたこともあった歴史から、謙虚に学ぶ姿勢であるといえる。

だが、国民代表で構成される議会などが定めた法に、権力者も国民も等しく従うのが法治の原則である。中国共産党や党最高指導部のみが法に超越した存在であるのなら、真の法治とはいえない。

中国の国会にあたる全国人民代表大会（全人代）では、政府や司法機関の活動報告は審議されるが、共産党の統治が問われることはない。党最高指導部の選出方法も国民からはうかがい知れない。

香港では行政長官選挙の民主化を求めるデモが続く。香港基本法は全人代常務委員会が普通選挙のやり方を決めるとしており、中国はデモ隊が求める「全人代の普通選挙案撤回」を、「法治」に反することとして退けている。

よく観察すれば、党が指導する中国の一存で、国際社会に約束した香港民主の根幹である「高度な自治」が失われ始めたのが、デモが起こった最大の理由である。党による統治の道具として法治を利用することがあれば、国民のための真の法治とは言えない。

和元老政治家的“人治”，导致政治上走向弯路，因此，态度谦虚，从历史中研习是必然趋势。

然而，由人民代表所构成的议会等所决定的法律，无论当权者、老百姓都应共同遵守，此乃法治的原则。然而，中国共产党和党最高领导层可以超越法治的存在的话，岂还有什么真正的法治可言呢。

全国人民代表大会相当于日本的国会，政府和司法机关的活动报告均被审议，而共产党的统治（状况）则无人过问。党最高领导层选举方法等，国民也根本无法知会。

香港为寻求行政长官选举民主化的示威游行持续着。而北京政府则以按香港基本法由全国大人委员会决定普选方法为由，不接受游行队伍提出的“撤回全国人大普选案”的要求，认为那是违反“法治”的。

但经细察可见，引发本次抗议游行的最大的原因在于党所领导的中国坚持己见，与国际社会所约定的香港民主基石的“高度自治”则被无情抛弃。

若利用法治成为党的统治工具的话，那么法治将不再成为国民的真正法治。

社説 

強硬路線と真の決別を

中国の新外交 [2015. 02. 16]

中国が対外協調を重視する新たな外交指針を示したことは歓迎できる。今年は戦後七十年の節目となる。周辺国との摩擦を生じさせるような強硬姿勢とは真に決別し、対話路線を貫いてほしい。

春節（旧正月）を前に、中国の対外姿勢に明らかな風向きの変化が感じられる。例えば本紙の上海支局には、中国各地の地方政府から新春を祝う集いの招待状が舞い込む。一年前を振り返れば、旧交を温める中国流の紅い拝年（祝新年）カードのやりとりを、一方的に途絶えさせた政府関係者もいた。

凍てつく日中首脳の緊張関係が、地方の交流にも寒風となって吹きつけているようだった。

転機は昨年秋の中央外事工作会議であろう。八年ぶりの重要会議で習近平国家主席は対外協調路線への転換を打ち出し、「協力と互恵を核心とする新たな国際関係」を目指す外交指針を示した。

むろん、習氏は「領土主権や海洋権益を守る」と強調した。だが、これまでのように南シナ海をめぐり東南アジア諸国との摩擦を高め、尖閣問題で力を誇示するかのような、一方的で危険な強硬姿勢はぜひとも改めてほしい。

真正告别强硬路线

中国的新外交 [2015. 02. 16]

内容提要

中国发布的重视对外协调这一新外交方针普遍受到欢迎。今年为战后七十周年的重要年份。希望中国政府能改变与周边国家发生摩擦的强硬姿态，采取对话的策略。

春节（旧正月）前夕，我们感到中国对外姿态明显有了新气象。例如，中国各地方政府印有新春贺词的邀请函，纷沓而至本报上海站。

回首一年前，与老朋友互致温馨祝福，邮寄中国式红色贺年卡时，突然发现有很多政府工作的朋友都单方面中断了贺年卡的往来。因冰冷的日中首脑紧张关系，致使地方上交往亦似寒风凛冽。

去年（2014 年）秋天中央外事工作会议带来了转机。时隔八年的重要会议上，习近平国家主席调整出台了对外协调路线，外交方针上以“建立以合作共赢为核心的新型国际关系”为目标。

当然，习也强调“捍卫领土主权和海洋权益”。但是，今后无论在南海问题上与东南亚各国的摩擦升级、或还是在尖阁诸岛(钓鱼岛及其附属岛屿）问题的力量展示上，我们真心希望中国政府能改变过去危险而强硬的姿态。

习政权举“反腐败”旗帜，欲急于稳固国内的政治基础。可

習政権は「反腐敗」を旗印に国内の政治基盤固めを急いでいる。だが、経済の持続的発展なくして国内の安定はあり得ないだろう。外交面での協調路線への転換は、世界第二の経済大国となった中国が、国際経済との密接な関係を見据えたうえで、周辺諸国との良好な関係を築こうとする冷静な判断に基づくものと期待したい。

対日外交では気がかりな動きもある。戦後七十年の今年、中国政府は国家記念日に指定した九月三日の「抗日戦争勝利記念日」に合わせ、外国首脳も招いて北京で軍事パレードを計画している。

過度に抗日の歴史を強調し中華民族の団結を訴える舞台とするようなことがあれば、日中首脳会談の実現で「戦略的互恵関係」に戻る一歩を踏み出したばかりの両国関係に再び暗雲が漂いかねない。

歴史問題を複雑化させるべきでないのは、日本側も同様である。安倍晋三首相は戦後七十年の「首相談話」を出す構えだ。歴代内閣の立場を「全体として引き継ぐ」としているが、アジア諸国への植民地支配と侵略を認めておわびした「村山談話」の立場をきちんと貫くべきである。

戦後七十年の今年こそ、日中双方が対話により相互不信を乗り越える“元年”としてほしい。

是，如果经济无法持续发展，又如何确保国内持续稳定呢。

因此，在外交方面转向协调路线、位居世界第二经济大国之中国，应着眼于同国际经济保持密切关系。我们希望中国政府能冷静判断，与周边诸国构建良好的关系。

对日外交尚存令人堪忧的举动。今年是战后七十周年纪念，中国政府为配合 9 月 3 日国家纪念日的“抗日战争胜利纪念日”，将计划邀请外国首脑于北京参加阅兵式。

若过度强调抗日历史，呼吁中华民族团结的话，那么刚刚经历日中首脑会谈，向“战略互惠关系”迈出一步的两国关系将再度笼罩阴云。

不宜将历史问题复杂化，日本方面同样如此。安倍晋三首相将在战后七十年抛出“首相谈话”。内容说是将对历代内阁的立场“全部继承”。如此的话，理应贯彻承认日本对亚洲诸国的统治和侵略，并表示深刻的反省和由衷的歉意的“村山谈话”的立场。

我们希望战后七十周年之今年，能成为日中双方通过对话，跨越互不信任鸿沟之元年。

社説 …………………………………… ⑲

民心が安らぐ社会こそ

中国全人代① [2015. 03. 06]

中国の習近平政権は三年目の正念場を迎えた。反腐敗の戦いは多くの国民の喝采を浴びているが、強権的な統治は国内外からの懸念も招いている。民心が真に安らぐような国づくりを進めてほしい。

中国の国会に当たる全国人民代表大会（全人代）が五日、開幕した。会場となった人民大会堂に近い北京の繁華街・王府井の書店に足を運ぶと、最高指導者である習氏についての専用コーナーが入り口正面につくられていた。日本語や英語にも翻訳された「習近平　談治国理政（国政運営を語る）」などの本がズラリと並べられ、訪れた人たちが次々に手にしていた。

国家主席として三度目の全人代を迎え、習氏は建国の父・毛沢東や改革開放の総設計師・鄧小平にも近いような、カリスマ的な指導者になった印象がある。

「トラもハエもたたく」と発動した反腐敗闘争が習氏の名声を高めたのは間違いない。党最高指導部の元政治局常務委員や聖域とされた軍の汚職にも切り込んだ。だが、「一強多弱」のような指導部では、公正中立な腐敗摘発システムを築かなければ、反腐敗は権力闘争の手段になりかねない。

全人代の政府活動報告で李克強首相は習氏の新スローガン

只有民心安乐的社会

中国全国人大① [2015. 03. 06]

内容提要

中国的习近平政权将迎来关键的第三个年头，在反腐败之战上博得国民连连喝彩，而强权统治则引起国内外忧虑。我们希望中国向人民真正安居乐业的国家推进。

（2015 年 3 月）5 日，相当于日本国会的全国人民代表大会开幕了。当我来到会场人民大会堂附近、位于北京繁华街道王府井大街的书店时，发现正门入口处设有最高领导人习著作售卖专柜。

被译成日语版、英语版的“习近平谈治国理政”等著作成排堆放着，来访者不断地拿在手里翻阅。

当上国家主席后迎来了第三次全国人大。习给我们的印象是类似建国之父毛泽东、改革开放总设计师邓小平一般，有着领袖风范的领导人物。

毫无疑问，通过发动“老虎苍蝇一起打”的反腐运动，提高了习的威望。习对党最高层的原政治局常委和被称作神圣军队的贪污亦痛下杀手。

可是，在“一强他弱”的领导层若不建立公正中立的、揭发腐败的体制，那反腐败将多被视为权力斗争的手段。

在全国人大的政府工作报告中李克强总理推出习的“四个全

「四つの全面」を持ち上げ、「法による国家統治の全面的推進は新たな道についた」と述べた。

「法治」に異論はないが、最近の中国では共産党指導下の法治という面が色濃いのが気がかりだ。

言論統制が強まり、ネット規制も目立っている。習氏の権力掌握に伴い、民が息苦しさを感じる社会になりつつあるのではないか。

中国は二〇一五年の国内総生産（GDP）の成長目標を７％前後に引き下げた。投資依存の高度成長路線を質重視の経済構造に転換させるのは時宜にかなっている。

「中華民族の夢」を唱えて国威発揚を図ったことは習政権の基盤を固めるのに役立ったが、対外的に摩擦も生んだ。内政を重視し安定成長の中で民生の保障を着実に進めることが肝要であろう。
「四つの全面」には「小康社会（ややゆとりのある社会）の全面的完成への取り組み」もある。

昨年の中国富豪百人のうち全人代代表が十五人、国政助言機関の全国政治協商会議代表が二十一人を占めたとの報道もあった。格差や不平等を解消せねば、国民にとって真の「小康社会」が実現したとはいえないだろう。

面”新口号，提出“全面推进依法治国进入了新的局面。”

就“法治”本身谁都没有异议，但最近的中国在共产党领导下的法治色彩浓厚，令人担心。

现在，不仅针对言论加强了管控，针对网络的管制也十分醒目。伴随着习的权力掌握，民众是否愈加感到整个社会都在趋于沉闷呢。

2015 年中国国内生产总值（GDP）增长目标被调整为 7% 左右。目前的时机也适合把经济结构从依赖投资的高速增长模式，转型为注重经济发展质量的模式。

高唱“中华民族梦”、扬我国威的梦想，为习政权进一步巩固发挥了作用，然对外却产生了摩擦。因此，重视内政，在经济稳定增长的过程中，推进民生保障工作也很重要。毕竟，“四个全面”也包括全面建成小康社会。

亦有报道称，去年中国百人富豪排行榜中全国人大代表占十五人，为国家建言献策机构的全国政协代表占二十一人。若不消除贫富差距、不平等现象，对国民来说真正的“小康社会”无从谈起。

社説 …………………………………… 

歴史には互いに謙虚に

習体制の行方① [2015. 05. 04]

ようやく笑顔での握手となった。昨年秋の仏頂面の北京会談からわずか五カ月で、インドネシアで開かれたバンドン会議の機会に再び日中首脳会談が実現した。

強硬な対日論陣を張ってきた人民日報系の環球時報は「中日関係は平静でない中、改善に向かう」との社説を掲げた。日中首脳が関係改善を図ることで一致した前向きな雰囲気を、本格的な政治対話の継続につなげてほしい。

今年は戦後七十年を迎え、歴史認識への対応が日中間でも焦点となる。会談で習近平国家主席は「歴史問題は中日関係の政治的な基礎だ」と抑制的に述べた。だが、二月には国連の公開討論で中国外相が「歴史をごまかそうとする者がいる」と演説し、日本側から反発の声が上がった。

歴史には謙虚に向き合い直視すべきである。だが、中国が過剰にこの問題を国際舞台に持ち出し、対日外交に利用するなら危険であり、建設的な態度とはいえない。

中国では「植民地支配と侵略」や「心からのおわび」を明言した「村山談話」への高い評価を聞く。多くの中国人が日本人の先の大戦への深い反省を理解している。問題は侵略を否定するような発言が時に政府高官から飛び出し、疑念と反発を招く

应互相谦虚面对历史

习体制的走向① [2015. 05. 04]

（安习会）终以笑脸相迎握手而终。去年秋季、冷若冰霜的北京会谈仅过去五个月，借印尼万隆会议之机，日中两国首脑再度实现了会谈。

以对日强硬著称的人民日报旗下环球时报刊载了“中日关系在不平静中走向改善”的社论。希望日中首脑努力改善关系，营造一致向前的氛围，继续进行真正的政治对话。

今年（2015 年）将迎来战后七十年，对历史认识的对应也将成为日中关系的焦点。会谈期间，习近平国家主席冷静地的阐述为“历史问题是事关中日关系政治基础的重大原则问题”。

然而，2 月在联合国安理会公开讨论会上，中国外交部长就“（仍有人不愿意承认，）甚至企图为侵略翻案，为罪行开脱”的发言，引发了日本方面的反驳声浪。

历史问题需要双方都采取谦虚的态度来正视。可如果中国频繁地将这个问题推上国际舞台，在对日外交中加以利用，则情况危险，无法称之为建设性态度。

听说在中国，“村山谈话”内容由于涉及了“对殖民地统治和侵略”和“由衷的歉意”，得到了很高的评价。多数中国人理解了日本人对二战的深刻反省。

ことである。

日本が戦後、平和憲法の下でアジア復興に尽力した事実は誰も否定できない。だが、八月の首相談話が「未来志向」ばかりに光を当てるものなら、戦後の建設的な歩みは正当に評価されないだろう。

中国側が歴史カードを振りかざし、日本側が村山談話の精神を踏みにじるような言動をする。戦後七十年の節目こそ、そんな負の連鎖を断ち切る好機としてほしい。

江蘇省無錫市の公園でこの春、日中共同建設桜友誼林保存協会の人たちが桜を植樹した。日中関係が冷え込み、中国全土で交流が中断した時期も地道な活動を続け、中国側も受け入れてきた。

植樹に立ち会った双方の政府関係者も「民間交流の大切さ」を強調した。政治の風向きに左右されない絆の強さは公的パイプの機能不全を補う安全弁でもあり、息長く育んでいきたい。

问题在于政府高官时而冒出否定侵略的发言，会招致中国人的怀疑和反对。

战后日本，在和平宪法下为亚洲复兴尽力的事实是谁也不能否定的。可是，8 月的安倍首相谈话若一味强调“未来志向”的话，战后的建设步伐将得不到正确的评价。

中国方面大肆宣扬历史问题，而日本方面存在类似践踏村山谈话精神的言行。真心期待以战后七十周年为契机，斩断这些负面锁链。

今年春天，在江苏省无锡市的公园里，日中共同建设樱花友谊林保存协会的人们正在共同种植樱花树。虽然时值日中关系的冰河时期，中国与日本交流中断，但地方上的一些务实交流活动依然在持续，中方亦坦然接受。

植树期间相互见面的日中政府有关人员，也都强调“民间交流至为重要”。不为政治风倾向所左右的强劲纽带,可以作为预防措施，弥补国家层面管道功能不畅通。期冀长期培育之。

社説 ……………………………………………… ㉑

青空の演出ではなく

習体制の行方② [2015. 05. 09]

全国人民代表大会（全人代＝国会に相当）と国政助言機関の全国政治協商会議が開かれていた三月の北京。タクシー運転手が「今日の快晴は両会藍（二つの会議のブルー）だ」とつぶやいた。

昨年秋のアジア太平洋経済協力会議（APEC）を主催した中国は、車の使用制限や工場の操業停止などで北京に青空を取り戻し、メディアや市民に「APEC 藍」と皮肉られた。

中国の大気、水、土壌などの汚染は深刻で、北京市長は今年初め「今の北京は居住に適した街ではない」と発言し波紋を広げた。

外交的なメンツのため一時的に青空を“演出”するのでなく、環境対策は民の健康や命に直結する重要課題と深刻に受け止め、真剣に取り組む姿勢が肝要であろう。

全人代で李克強首相は「環境汚染は民生の患い、民心の痛みである」と述べた。二酸化炭素や窒素酸化物の削減目標を具体的に示し、排ガス規制を満たさない車の全廃を宣言したことは評価できる。

だが、石油や自動車会社など党や政府中枢と密接な関係を持

勿将蓝天当作秀

习体制的走向② [2015. 05. 09]

（2015 年）3 月，全国人民代表大会及国家建言献策机构的全国政治协商会议在北京正式召开。“今天的蓝是两会蓝”出租车司机快人快语切中时弊。

去年秋天，中国作为亚太经济合作组织（APEC）会议主办方采取车辆限行、工厂停止排放等措施，北京终于展现了蓝天晴空。因此，媒体、坊间戏称为“APEC 蓝”。

在中国，空气、水质、土壤污染严重。今年初北京市长的“现在的北京不适合居住”的发言，在社会引起广泛的震荡。

出于外交面子，秀一时蓝天晴空的“表演”实无必要。环境政策是直接关乎民生健康、生命安全的重大课题，必须要落实到实际行动上，这才是最为重要的。

全国人大期间李克强总理指出“环境污染是民生之患、民心之痛”，其后具体提出消减二氧化碳、氮氧化物排放目标，尤其是不符合汽车尾气排放标准的汽车应全面淘汰的宣言值得称赞。

然而，不容忽视的一个结构性问题是，石油、汽车等行业均为与党、政府核心部门关系密切的大型企业，必然成为环境政策的抵抗势力。

つ大手企業が、環境対策の抵抗勢力となってきた構造的な問題を見逃すことはできない。

全人代と前後し、大手石油や自動車会社の幹部が汚職容疑で摘発された。利潤追求のため国民の健康を犠牲にして汚染物質を排出し続けてきた利権集団に鋭く切り込む一歩であれば歓迎したい。

経済成長ばかりを求め、環境対策を置き去りにしてきた地方政府への厳しい指導も必要だ。経済成長の結果が地方幹部の出世に直結するような評価システムを改善する必要もあろう。

福島第一原発事故の後、新規工事の承認をストップしていた原発の建設開始を許可したことも気がかりだ。原発の安全神話は崩れた。むろん万一の場合の情報隠しなどはあってはならない。

共産党統治の正統性を高度成長に求める時代は終わりを告げたといえる。世界第二の経済大国となった中国には、格差の是正や「二等公民」と差別されてきた農民の保護、社会保障の整備など民生の充実にこそ力を注いでほしい。

再说全国人大前后，大型石油企业和汽车行业的高官干部因贪污而被揭发。对这类追求利润而不惜牺牲国民健康、持续不断排出污染物的利益集团，有关部门能痛下杀手，让人欣慰。

此外，针对片面追求经济增长，而忽视环境保护的一些地方政府，采取严厉的监督机制非常重要。经济成长的结果关系到地方干部的升迁，这种干部的评价系统也应得到改善。

福岛第一核电站事故发生以后，新核电工程的计划虽然一度停止，但最近又获得重建许可，让人感到担忧。核电站的安全神话破灭了。当然万一发生什么情况的话，绝对不可再有信息隐瞒的行为。

凭借高速增长来确保共产党领导的正统性的时代可以说已宣告结束。我们期待已成为世界第二大经济体的中国，在缩小贫富差距、保护被视为“二等公民”的农民权益、以及完善社会保障体系等方面，下更大的力气。

社説 .... 

過去に向き合ってこそ

天安門事件② [2015. 06. 05]

北京で民主化運動が武力弾圧された天安門事件から四半世紀が過ぎた。中国は事件の記憶を薄れさせようとしているが、きちんと歴史に向き合ってこそ国際社会で信頼される大国といえるだろう。

事件で当時十七歳の一人息子を亡くした元大学助教授の女性は本紙の取材に「言論封殺は誤りだ」と述べ、中国が事件の歴史に向き合い責任を認めるよう主張した。

だが、中国政府は会見で「八〇年代末の政治風波」と表現する事件について、今年も歴史的な反省や総括に踏み込まなかった。

事件後に中国が成し遂げた成果が「中国が選んだ発展の道が完全に正しいものであると証明している」とも言う。だが、経済発展とは裏腹に言論の自由が目に見えて失われるいびつな社会に、国際社会は懸念をもっている。

胡錦濤主席・温家宝首相の時代には、まだ政府高官が公に政治改革を求める雰囲気があった。

習近平主席・李克強首相の時代になり「法治」こそ口にするが、政治改革の言葉が消えたのが気がかりだ。その「法治」も

只有直面过去

天安门事件② [2015. 06. 05]

内容提要

离北京遭武力镇压的民主化运动天安门事件，已过去了四分之一世纪。时至今日，中国只是一味将事件淡出记忆，但是只有老老实实地面对历史，才能成为守信于国际社会的大国。

在当时的事件中失去了 17 岁儿子的，原大学女副教授在接受本报采访时讲述到，“封杀言论是错误的！”。她觉得中国政府必须直面历史，承担责任。

可是，中国政府在记者招待会上就事件坚称为“80 年代末的政治风波”，至今尚未深入对历史进行反省和总结。

事件后，伴随着中国取得各项丰硕成果，遂声称“历史表明中国选定的发展道路完全正确的”。可是，与经济发展相反的是，言论自由正在大步地后退，这样扭曲的社会实在令国际社会担忧。

在胡锦涛主席、温家宝总理时代，尚存政府高官在公开场合要求政治改革的氛围。

进至习近平主席、李克强总理时代，虽然口头上还在提“法治”，但提议政治改革言论却逐渐消失，不由让人担心。而所谓的“法治”也并非是保障司法独立，而是要能在司法框架中的反映党中央意愿的。

司法の独立を保障するものではなく、党中央の意思を司法の枠組みで体現するものにすぎないように映る。

若者たちが一九八九年の天安門広場で求めたものは、共産党独裁体制に対する政治の民主化である。その民主を支える大きな基盤こそ言論の自由であるといえる。

改革派メディアへの圧力が強まっている。憲法で保障されているはずの自由な言論は、残念ながら危機的な状態であるといえる。

事件を記念するシンポジウムに参加した人権派弁護士は「民族間の憎しみをあおった罪」などで起訴され、改革派女性ジャーナリストには国家機密漏えい罪で懲役七年の実刑判決が言い渡された。

人民日報系の環球時報は最近、中国が「動乱」としてきた事件について異例の評論を発表し「(事件の記憶を)薄れさせるのは、中国社会が前向きに進む哲学的な一つの選択」と指摘した。

果たしてそうだろうか。日中関係について、歴代の中国指導者が「歴史を鑑(かがみ)に」と口にしてきた。

真に民主的な長官選挙を求める香港では、今年も事件の再評価を求める抗議デモが続いた。

歴史の真実に学んでこそ新たな一歩を踏み出せるというのは、国を問わず過去と向き合う正しい姿勢なのではないか。事件から顔を背けて、「薄れさせる」ことなどあってはならない。

1989 年在天安门广场上，年轻一代针对共产党专政体制，提出政治民主化的要求。而支撑这个民主的巨大基石正是言论自由。

改革派媒体承受的压力越来越大。虽说言论自由受宪法保障，但如今已处于危机状态，着实令人遗憾。

参加事件专题讨论会的人权派律师，均被以“煽动民族仇恨罪”等罪名遭到起诉，改革派女新闻工作者也被以泄露国家机密罪被判处七年徒刑。

最近，人民日报旗下环球时报刊登了对中国政府认定为“动乱”的事件发表了异例评论，指出（对事件记忆的）淡化处理，是中国社会“向前看”哲学的一种选择。

事情果正如此吗？关于中日关系，历代中国领导人嘴上都挂着“以史为鉴”。

在寻求真正民主的特首选的香港，今年也为要求重新评价天安门事件而持续进行着抗议游行。

只有真诚的向历史学习，方可迈出新的一步。无论哪个国家都应该以正确姿态面对过去。回避事件真相，采取所谓的淡忘政策是断然不可取的。

社説 ·· ㉓

香港の民主は死なず

長官選改革否決 [2015. 06. 29]

香港行政長官選挙の政府改革案が否決された。立法会は中国当局の干渉を受ける「普通選挙」にノーを突きつけたといえる。真の民主選挙を求める道は長く険しいが、ひるまずに歩を進めてほしい。

昨年秋から香港を揺るがせてきたのは、二〇一七年の行政長官選挙の改革をめぐる争いだった。

中国の国会にあたる全国人民代表大会の常務委員会が昨夏、普通選挙案を決め、その内容を踏まえて香港政府が議会にあたる立法会に選挙改革案を提出した。

中国は、香港の有権者が一人一票を行使できる「普通選挙」と宣伝した。だが、親中派が多い業界代表でつくる「指名委員会」で過半数の支持がなければ候補になれず、その候補も二人ないし三人に限定する仕組みであった。

中国当局が望ましくないと考える候補を事前に排除できるやり方である。これでは民主派は選挙のスタートラインにも立てない。

立法会の議論で、親中派議員は「一票を手にすることは、ないよりも良い」と主張した。これに対し民主派議員は「民主派

香港的民主不死

否决长官选举案 [2015. 06. 29]

内容提要

香港行政长官选举的政府改革案遭到否决。这等于立法会否决了北京当局干涉“普选”。追求真正民主的道路艰险而漫长,期待着不畏困难继续向前。

去年(2014 年)秋天在香港发生了一件惊天动地的大事,那就是 2017 年行政长官选举改革之争。

在去年夏天,相当于日本国会的中国全国人民代表大会的常委委员会通过了普选案,根据这一方案香港政府向议会、立法会,提交了选举改革方案。

中国宣传称香港有投票权的公民,可行使一人投一票的“普通选举”。可是,由亲中派占多数的业界代表组成的“提名委员会”,却提出候选人须得到超过半数的支持,候选人产生框架限定于二至三人之间。

这个方法可以事先剔除中国当局不满意的候选人,从而导致民主派连选举的起跑线上都无法触及。

在立法会的辩论中,亲中派议员主张“一票在手总比没有的好”。对此,民主派针锋相对地反驳到 :“这是排除民主派的伪普选。”

を排除する偽の普通選挙だ」と反論した。

中国当局のコントロール下にある名ばかりの普通選挙案であるというのが実態で、立法会が否決したのは健全な判断であろう。

採決で形勢不利とみた多くの親中派議員が定足数割れによる流会などを意図して退出した。住民から託された投票権を放棄したのは強く責められても仕方がない。

だが、否決は民主を求める戦いの再起動にしかすぎない。一七年長官選では、経済界代表などでつくる千二百人の「選挙委員会」で選出する従来の間接選挙が続く。

香港基本法で、行政長官と立法会議員の選出は将来、住民の直接選挙に移行すると定められている。まずは、来年の立法会選で民主派が勢力を伸ばすことが、二二年の長官選に向けて真の普通選挙を実現する第一歩となろう。

中国は全人代が基本法の解釈権を持つことをたてに、「法治」の形を借りて中央の意思を強行しようとした。香港住民はそこに一国二制度が骨抜きにされる危険性を感じ取り、昨年秋には「占拠」という抗議行動を起こしたといえる。

立法会の前で一人の老人が「子や孫のため真の普通選挙を」と書いたプラカードを掲げていた。

立法会は香港の民主が死んではいないことを示したが、正念場はこれからだ。平和的手段での息の長い戦いがさらに求められる。

鉴于在中国当局操控下名存实亡普选的实情，立法会予以否决，这可谓是健全的判断。

因发现在最终表决时形势不利，大都亲中派议员想通过人数不足的方式致使流选，从而脱身。最终因放弃民众委托的投票权遭致责骂，实属无奈之举。

然而，否决仅仅引发民主要求重新选举之战。2017 年特首选举将持续由经济界等的代表组成，采取沿用至今的一千二百人“选举委员会”进行间接选举。

按香港基本法规定，将来立法会委员及行政长官的产生都将移至居民直接选举。这首先是，明年民主派势力须在立法会中壮大，这才是朝着实现 2022 年长官选举迈出了真正普选的第一步。

中国全国人大把持着对基本法的解释权，借“法治”形式以强行贯彻中央意志。为此香港居民已经感受到一国两制名存实亡的危险，这也可谓是去年秋为何发生“占中”抗议行动的原因。

在立法会前，一位老人举着标语牌，上面写道“为了子孙后代，我们要真普选”。

立法会所表明的是香港民主未死，其关键在于从现在开始，要以和平手段进行持久战。

社説 ……………………………… ㉔

法治を名乗る抑圧だ

中国弁護士拘束 [2015. 07. 21]

中国当局が人権派弁護士や活動家ら二百人余を「犯罪一味」として連行・拘束した。「法治」の名の下に、民衆の権利を守ろうとする活動を弾圧するものだ。弁護士らをただちに釈放すべきである。

中国公安省が人権派女性弁護士・王宇氏らを連行・拘束した。国営新華社通信は「社会秩序をかき乱す重大な犯罪一味」と報じた。

今春以降、中国では改革派女性ジャーナリストに国家機密漏えい罪で懲役七年の実刑判決が言い渡され、司法手続きによらない「矯正(きょうせい)労働制度」を批判してきた人権派弁護士が起訴された。

懸念が強まっていた習近平政権の人権派弁護士や民主活動家への不当な圧力は、もはや看過できない段階に達したといえる。

人権侵害事件を当局がきちんと取り上げて解決しないため、王氏らが民衆の立場に立って権利を守ろうと努力してきた。

そうした活動を、「敏感な事件を政治事件化し、反政府的感情をあおり立てた」(新華社)と糾弾し、犯罪として立件しようとするなら法治国家の姿とはほど遠い。

以法治之名予以打压

拘捕中国律师 [2015. 07. 21]

内容提要

中国当局以打击“犯罪团伙”为名对二百余名人权派律师和活动家施以拘留逮捕。这是以“法治”之名，行镇压保护民众权力活动之实。我们呼吁立即释放在押的律师们。

中国公安部逮捕了人权派女律师王宇。国家通讯社新华社报道称“王宇是扰乱社会秩序、涉嫌重大犯罪团伙的一员”。

今年（2015 年）春天以后，中国对改革派女新闻工作者以泄露国家机密罪判处七年徒刑，未经司法程续对曾批判促改劳教制度的维权派律师进行起诉。

更令人感到担忧的是，习近平政权对维权派律师和民主活动家非法施加压力，可以说已经到了不可被忽视的阶段。

由于政府当局并未对人权侵害事件进行立案处理，所以王律师等为维护民众权益付出了很多努力。

针对这样的活动，“将敏感事件炒作成政治事件，煽动对政府不满情绪”，新华社予以了谴责。如果将此事也作为犯罪予以立案的话，那将与法治国家形象相去甚远。

去年秋，在中国共产党重要会议之“四中全会”继续高唱“法

中国共産党は昨年秋の重要会議「四中全会」で「法治」の重要性をうたう一方で、「共産党の指導が社会主義法治の最も本質」とも強調した。

弁護士や民主活動家への強権的な対応を見れば、中国での「法治」とは法の支配でないことは明らかである。法より優先される党や政府の意向を、法を通じて強権的に実現することが中国当局の言う「法治」の実態ではないか。

中国憲法には言論、集会、結社の自由が保障されているが、権力者による恣意(しい)的かつ政治的な法の運用が許されるならば、憲法の規定は有名無実である。

中国は今月、社会統制を強化する「国家安全法」を施行した。香港でも「一国二制度」を骨抜きにするような民主化運動への締めつけが露骨になっている。

真に民主的な長官選を求める香港での抗議や民衆の権利を守る弁護士らの活動が、反政府的な世論につながり社会の安定を脅かすと中国は懸念しているようだ。だが、強権でしか安定団結を図れないという考えは誤りであろう。

習氏はかつて統治の要諦について古典を引用し「大国を治むるは小鮮（小魚）を烹(に)るが若(ごと)し」と述べた。法治に名を借りた強権政治は、統治者は法を振り回して民に手出しすべきではないという古典の精神と相いれない。

治”重要性同时，又强调了“党的领导是社会主义法治最根本的保证”。

单从对待律师和民主活动家时采取的强权态势而观，可得知中国的“法治”不是以法为准则的。党和政府的意志凌驾于法律之上，并以法的形态来强制实现，这不就是中国当局所谓的“法治”的实际状态吗。

中国宪法规定，保障言论、集会、结社的自由，而若允许掌权者随心所欲地运用政治性的法律的话，那么宪法的规定将名存实亡。

中国在这个月（7 月)，为强化社会管控而实施了“国家安全法”。抽掉了香港“一国两制”灵魂，对民主化运动管束也更加变本加厉了。

在香港，中国政府真正担心的是，为追求真正民主的特首选举而进行的抗议活动、维护民众权益的律师们的活动，和反政府的舆论结合起来，从而威胁社会的安定。但是认为凭借强权谋得安定团结的想法实在是大错特错。

关于治国的诀窍，习曾经引用过一句古典，“治大国若烹小鲜”。以法治之名行强权政治之实，统治者挥舞法棒对老百姓下手，这是有悖经典精神。

民生充実に力を注げ

中国軍パレード [2015. 09. 05]

中国は「抗日戦争勝利七十年」に合わせ軍事パレードを行った。習近平主席は国威発揚による政権強化をめざすより、民生への目配りなど内政充実を図るべきであろう。

中国はこれまで、建国五十周年や六十周年の節目に、十月一日の国慶節（建国記念日）に合わせて軍事パレードを行ってきた。
日本が降伏文書に調印した翌日の九月三日に中国は記念式典を行っており、習近平国家主席は初めて「抗日戦争勝利」に合わせて人民解放軍の行進を閲兵した。

中国は記念行事の「抗日」について、日本の過去の軍国主義をさすと説明している。むろん、多くの日本人はアジアを侵略した負の歴史については深く反省し、戦後は平和発展の道を歩んできた。

だが、中国が過度に抗日の歴史を強調するような国際舞台を演出したのであれば、関係改善の機運が生まれている日中関係に建設的な態度とは言えない。

何よりも、トップの座について三年の習氏が世界の首脳を集めて軍権掌握をアピールするような姿勢は、権力集中を懸念させる。

在充实民生上下功夫

中国阅兵式 [2015. 09. 05]

内容提要

中国为“纪念抗日战争胜利七十周年”而举行阅兵。习近平主席旨在通过发扬国威来强化政权，但与之相比是否更应注重民生来谋求内政的充实。

历史上，中国在建国五十周年、六十周年的十一国庆节期间（建国纪念日）举行阅兵式。而今中国将日本签定投降书的次日 9 月 3 日作为纪念日，国家主席习近平首次结合“抗日战争胜利”举行人民解放军阅兵式。

中国就纪念活动的“抗日”解释到，是指日本过去的军国主义。当然，多数日本人对亚洲侵略战争的负面历史表示了深刻反省，并在战后走上了和平发展道路。

然而，如果中国在国际舞台的表现中过度强调抗日历史的话，在日中关系适逢改善机遇期间，其态度就不算是建设性的了。

对于荣登宝座三年的习近平来说，比什么都重要的是云集世界首脑，展示其掌握军权。但这种集中权力的做法反而会引起人们的担心。

最近，党中央高级干部培训机构的中央党校将原国家主席江泽民所题校名石碑迁移，另放上毛泽东、邓小平的铜像。

党幹部研修機関の中央党校では最近、江沢民元主席の筆による校名の石碑が移動され、毛沢東や鄧小平の銅像が新たにつくられた。

北京では「習主席は毛沢東流の絶対権力者をめざしている」との声が複数の市民から聞かれた。

人民日報は「大閲兵を全中国が期待し、全世界が注目する」とする評論を掲載したが、軍権を背景にした習氏の強大な権力構築に最大の狙いがあるように映る。

習氏はかつて、幹部養成についての演説で「下心がある人が喝采する名誉ではなく、党と人民の立場に立つ名誉を重んじるべきだ」と強調した。その言葉の通り、権力者のための国威発揚よりも、国民が自由で快適に暮らせる大国づくりに力を注いでほしい。

世界第二の経済大国になった中国だが、格差拡大や環境汚染など改善を図るべき民生の課題は多い。特に、言論統制や弁護士や学者の拘束など人権抑圧が強まっているのが気がかりだ。

要人警護やテロ対策で北京市内は武装警察が巡回する物々しい雰囲気に包まれ、交通規制や商店休業で市民は不便を強いられた。

巨額な経費について中国政府は「節約している」とするのみで、情報公開の透明性も欠いた。民の犠牲の上に立つ権力者のための国威発揚なら、本末転倒であろう。

在北京坊间“习主席想成为像毛泽东一样的绝对权力者”的说法广为流传。人民日报评论表示“大阅兵全中国在期待，全世界在瞩目”,这些似乎反映出大阅兵的最大的目标是以军权为背景的习构筑强大的权力。

习近平曾经在干部培训中强调“不要一些别有用心的人喝彩的‘声誉’,而是要站在党和人民立场上的‘声誉’”。因此借习主席这句话，与其成为权力者发扬国威，更希望中国政府能多下功夫，把国家建成国民安居乐业的大国。

作为世界第二大经济体之中国，改善贫富差距、环境污染等民生课题遗留甚多。特别是在控制言论自由、律师和学者遭刑拘等人权压制方面的日益强化令人堪忧。

大阅兵的时候，由于重要人物的安保、应对恐怖袭击等，北京市内被武装警察巡逻的森严气氛所包围，最终交通管制和商店停业给市民带来极大的不便。

中国政府主张“厉行节约”,而相关大宗经费使用依然缺乏公开信息和透明度。牺牲民利而树立权力者之国威，这可是本末倒置啊！

強権政治反対の声を

「香港占拠」1年 [2015. 10. 09]

民主化を求める黄色の雨傘が香港中枢を埋め尽くして一年。中国は香港の三権分立を否定する姿勢すら示している。香港市民は自治を守るため、ひるまず強権政治に反対する声を上げ続けてほしい。

昨年九月、行政長官選の民主化を求めるデモ隊に警官隊が催涙弾を発射した政府庁舎前で、今年は数千人が「雨傘革命」と呼ばれた占拠シンボルの黄色い傘を一斉に掲げた。

「真の普通選挙を」と叫ぶ声はあったが過激な行動はなく、民主を希求する意思に支えられた粘り強い抗議行動に映った。

香港では、親中派市民から「占拠デモは失敗だった」との批判も聞かれる。だが、占拠デモを率いた学生リーダーは本紙に「未来への闘争の一過程」と述べた。

社会生活を乱す占拠というやり方に、市民が不満を募らせたのは事実である。だが、若者が中心となって中国の強権政治に公然とノーを突きつけた精神は、形を変えても引き継いでいってほしい。

占拠デモは、二〇一七年の次期長官選で完全な普通選挙を実施する目標を達成できなかった。その後、民意のうねりを恐れ

社评  中文

声援反对强权政治的声音

香港“占中”一年 [2015. 10. 09]

内容提要

香港中枢被寻求民主的黄色雨伞淹没一年后。中国否定香港三权分立的态势昭然若揭。我们希望香港市民为守护自治，持续发出不畏惧强权政治的声音。

去年（2014 年）9 月，在政府市政厅前，警方对要求民主选举行政长官特首的游行队伍施放了催泪弹。而今年数千人再次集会，同时撑起了象征“雨伞革命”、被称作“占中运动”的黄伞。

“我们要真普选”民众呼喊声出、行动尚未过激，反映出对民主诉求不依不饶的强烈抗议行动。

在香港曾闻亲中派“非法占中完全惨败”市民的呵斥声，然而占中领袖回答本报说：“这是对于未来斗争的一个过程”。

无疑事实是以占中方式扰乱社会生活引发市民不满现状，但可嘉在于以年轻人为核心不畏中国强权政治，公然亮出“不”的精神，期待他们改变形式继承精神。

因占中示威致使新一届特首选未能在 2017 年达成普选的目标。之后，因畏惧香港民意中国强化香港管控的做法令人堪忧。

在占中未满一年之际，中国政府驻香港联络办公室领导曾就

た中国が香港の自治に介入を強めようとしていることが気がかりだ。

中国政府の香港出先機関トップが占拠一年を前に、行政長官の地位について「長官の権力は行政、立法、司法の上で特別な法的地位にある」と述べ、香港の三権分立すら否定した。

親中派の長官を通じて香港政治を完全にコントロールするのであれば、国際公約であるはずの香港の「一国二制度」や「高度な自治」は、絵に描いた餅にすぎないと批判されても仕方がない。

占拠後一年の香港を観察すれば、確かに社会の亀裂という後遺症もある。占拠の精神を生かしつつ着実で穏健な民主化運動を続けようとする人たちばかりではない。「占拠は違法だった」と主導者の法的責任を問う人たちや、香港人意識を強烈に示し、過激な反中姿勢を取る人たちも目立つ。

だが、このように政治的立場を異にする人たちが相手の言論の自由を認め意見を戦わせることができるのは、民主に支えられた香港だからであろう。

学生リーダーは「公民社会は権力の膨張を抑制し、社会各層のバランスを取ることができる」とも述べた。権力を監視し、自由に声を上げることができる公民社会を守るためなら、香港市民は団結できるのではないだろうか。

香港行政长官的地位表述道："行政长官具有超然于行政、立法、司法三个机关之上的特殊法律地位",香港三权分立的精神亦被否定。

如果通过亲中派的长官完全控制香港政治，那么，国际公约的"一国两制、高度自治"，被抨击为仅仅是纸上谈兵也就无可奈何了。

特观占中一年以来的香港，社会分裂的后遗症确实存在。因非所有人都能秉持占中精神，稳步持续的推进民主化运动。其中，有些人高喊"占中违法"，以追究主要人物的法律责任;有些人则强烈展示个人的港人意识、采取过激的反中姿态。

然而，有如此这般政治立场差异的民众，在承认言论自由的基础上展开辩论，则全部仰仗香港民主的支撑。

学生领袖亦指出"公民社会能够制衡权利的膨胀，平衡各阶层利益"。为守护"权力受到监视、自由能高呼"的公民社会，香港市民必将团结起来。

社説 ……………………………………………… ㉗

根本問題は残っている

「一人っ子」撤廃 [2015. 11. 27]

中国が来年から、「一人っ子政策」を撤廃する。少子高齢化による労働力不足に対応するためだが、国が夫婦の子どもの数を制限するという根本的な人権問題は依然残されたままである。

中国は十月末の重要会議（五中全会）で、一九七九年にスタートさせた「一人っ子政策」を転換させ、来年から一組の夫婦が二人の子どもを産み育てることを認めることを決めた。

昨年、「夫婦の片方が一人っ子なら二人まで産んでよい」と制限は緩和された。今回の「二人っ子政策」は厳格な人口抑制策の歴史的な転換であるといえる。

背景には、十五歳以上六十歳未満の就業人口が二〇一二年から減少に転じたことがある。社会保障制度はまだ整備途上であり、少子高齢化が続くと財源不足により現役世代の負担は一気に重くなる。

中国では、一人っ子政策で人口構成がゆがみ、社会が豊かになる前に老齢化が進む「未富先老」が強く懸念されている。将来の持続的な発展のため、政策を見直したことに一定の合理性はある。

だが、中国政府は「計画出産の基本国策は堅持する」と強調

治标不治本

废除“独生子女”[2015. 11. 27]

内容提要

从明年（2016 年）起中国将废除“独生子女政策”。其原因是想解决少子老龄化带来的劳动力不足问题。但国家对生育进行限制，依然存在根本的人权问题。

在（2015 年）10 月末召开的重要会议上（五中全会），中国政府修改了 1979 年出台的“独生子女政策”，规定从明年起允许一对夫妇可以生育第二胎。

其实早在去年政策就有所放松，夫妻只要有一方为独生子女，就可以生育二胎。这次的“二胎政策”可谓严格控制人口政策的一次历史性转变。

追朔其背景，2012 年以来 15 岁至 60 岁年龄段的就业人口开始减少，社会保障制度尚待完善；若少子老龄化持续的话将导致财政收入不足，对现代人的负担也将突然加重。

对中国而言，因独生子女政策造成了人口结构扭曲，社会尚未进入富裕阶段，但老龄化速度加快，导致人们担心“未富先老”。考虑到将来持续发展，现阶段改变政策具有一定的合理性。

可是，中国政府仍强调“坚持计划生育是基本国策”。限制生育被国际社会强烈批判为“侵犯人权”，干涉国民私生活这一根本

する。産児制限には国際社会から「人権侵害」との批判も強い。国民の私的な生活への干渉という根本問題は残されたままである。

また、一人っ子政策では中絶を強制し、違反者に巨額な罰金を科すなどの問題があった。罰金を避けるため生まれても戸籍に登録されず「黒孩子（ヘイハイズ）」（闇の子）と呼ばれる人たちは千三百万人を超えるという。

政府は九千万組の夫婦が新政策の対象と試算するが、効果は限定的との見方も強い。昨年の緩和で千百万組の夫婦が対象とされたものの、二人目出産を申請したのは今秋までに百七十六万組にとどまっている。

政策転換でも、大都市では多くの女性が「教育費が高すぎ、二人目を産む余裕はない」と答えた。過熱する受験競争と物価高により、一人っ子を大切に育てるという社会の風潮が広がっている。無論、大家族で助け合う伝統の残る農村部では「人権侵害の緩和」と歓迎する声もある。

巨大な中国で、人口爆発が発展の足かせになるとして導入された一人っ子政策に意味はあった。だが、負の影響も大きい。黒孩子問題の解決や罰金を財源としてきた地方政府の既得権益に切り込むのは焦眉の急だが、産児制限という干渉はいずれやめるべきだ。

性问题依然存在。

另外，因执行独生子女政策导致的强行堕胎，或对违反者施以巨额罚款等问题依然存在。据说，为逃避罚款出生后不上户口的“黑孩子”数量超过一千三百万。

政府曾以九千万对夫妻作为新政策对象进行估算，结果得出新政效果有限。去年政策放宽后有一千一百万对夫妻可以享受新政策，但是直至今年秋季，只有一百七十六万对夫妻申请生二胎。

即使政策有了改变，但在大城市中大多数女性还是认为“教育费太高，生不起第二胎”。因高考竞争激烈和物价飞涨等原因，重点培养一个孩子的风气在社会上蔓延。当然，对习惯于“大家族”互相帮助的农村来说，有人欢迎新政，起码“侵犯人权可以有所缓解”。

在庞大的中国，人口爆增一度成了发展的枷锁，所以采取“独生子女政策”不是没有意义。但负面影响也是巨大的。如何解决黑孩问题，如何阻止地方政府以罚款作为财政收入来维护自己既得利益等，都是迫在眉睫的大问题。不过，限制人口生育这种干涉（私人生活）行为必须加以取消。

「一国二制」揺るがす闇

香港の失踪事件 [2016. 02. 10]

中国共産党に批判的な書籍を扱っていた香港の書店関係者の失踪で、香港では中国当局の関与を疑う声が強まっている。事実であれば「一国二制度」を揺るがす言論・出版への危険な圧力である。

香港の「銅鑼湾書店」の親会社株主である桂敏海氏や書店責任者の李波氏ら五人が昨年十月から十二月にかけ、香港のほか滞在先の広東省やタイなどで失踪した。

事件の真相は闇に包まれた部分が多いが、中国当局は五人が本土で刑事勾留されたと認めている。香港の民主派からは「中国当局による政治的な拉致だ」と批判する声が上がっている。

同書店は中国本土では発行できない中国共産党を批判する「発禁本」の発行を手がけており、単なる失踪事件ではないとの見方にはうなずける点が多い。

中国国営メディアは桂氏について「交通事故の罪を償うために出頭した」と報じた。香港紙によると、李氏は「自ら本土に渡り捜査に協力している」との内容の手紙を香港警察に送ったという。

しかし、香港人が中国本土に行く際に必要な「通行証」は李

动摇"一国两制"的暗流

香港的失踪事件 [2016. 02. 10]

内容提要

曾因出版过批评中共书籍的香港书店的有关人员突然失踪，怀疑和中国当局有关的呼声在香港愈发强烈。若此事属实，动摇"一国两制"的言论和出版物，将会承受危险的压力。

去年（2015年）10月至12月间，香港"铜锣湾书店"店主桂敏海和书店负责人李波等五人分别在香港、所居的广东省和泰国失踪。

虽然事件还存在诸多不明的真相，但中国当局承认这五人已在大陆被刑事拘留。对此，香港民主派认为"中国当局进行政治绑架"，批评的声浪一时迭起。

因为该书店曾着手发行了中国大陆无法发行的批判中国共产党的"禁书"，所以大部分的观点都认为这不是一起单纯的失踪事件。

中国官媒报道称"因交通事故罪受到传唤"。而香港报纸称李曾给香港警方致信，内容为"自愿前往中国内地，协助一项调查"。

但是，作为香港人回中国大陆需要的"回乡证"，却在李家中原封不动的放着。因此，自愿前往内地这一解释存在很大疑问。

如果真是中共当局越境执法，从香港带走李的话，无疑是对

氏の自宅においたままであるという。自分で本土に行ったという説明には大きな疑問が残る。

中国当局が香港に越境して李氏を拘束・連行したのなら、香港の高度な自治を認めた「一国二制度」を踏みにじることになろう。

失踪事件が明るみに出て以降、香港では「一国二制度を守れ」と訴える大規模なデモが起こった。事件を中国当局による言論・出版への圧力と見る香港人の危機意識は十分に理解できる。

中国甘粛省では一月、地元紙記者三人が拘束され、一人が恐喝容疑で逮捕された。逮捕された記者は地元政府の不正を追及しており、新聞社は「記者が報道をめぐり当局から脅されていた」との文書をネット上に公開した。

地元政府の暗部に切り込む報道に対する権力側の報復であるなら、断じて許されることではない。

中国では人権派弁護士への有罪判決も相次ぐ。民主主義を守ろうとする言論や活動への圧力には国際社会も強い懸念を示している。

香港では一昨年、行政長官選の民主化を求める「雨傘運動」が起こった。香港の高度な自治を揺さぶる事件であるのに、香港政府の対応は及び腰にも映る。「民主香港」の輝きを失わせないためにも、香港政府は中国当局に断固とした真相究明を求めてほしい。

承诺香港高度自治的“一国两制”的践踏。

失踪事件初露端倪之际，香港爆发了“维护一国两制”大规模的游行。香港人感受到了来自中国当局在言论、出版上的压力，产生危机意识我们非常能够理解。

（2016年）1月在中国甘肃省内，有三名当地记者被政府拘留，其中一人以恐吓罪名遭逮捕。遭逮捕的记者因追究当地政府非法行为，报社在网上公开发布了“记者的报道遭遇当地政府的威胁”的文章。

若对揭露当地政府黑暗面的报道，动用手中权力打击报复的话，实在是让人无法容忍。

在中国对维权律师也相继判罪。对守护民主主义的言论和活动施加压力，国际社会也表示严重担忧。

前年,香港为寻求行政长官普选暴发了“雨伞运动”。香港高度自治已明显发生了动摇，亦感觉到香港政府对事件的暧昧立场。

为“民主香港”的光芒不陨，希望香港政府坚决要求中国当局彻查真相。

権威よりも民生重視を

中国全人代② [2016. 03. 16]

中国は安定成長に不可欠な構造改革を推進する方針を示したが、失業者増などの痛みをどう克服するかが大きな課題だ。民生よりも共産党の権威を重視するような内政や外交の姿勢も気がかりだ。

全国人民代表大会（全人代＝国会）で李克強首相は二〇一六年の国内総生産の成長目標を6.5～7%と幅のある数値で発表し、一五年の7%前後から引き下げた。

中国経済にとって、輸出や大規模な公共事業に頼る急成長はもはや困難で、減速の痛みに耐えながら、安定成長へカジを切ることが急務となっている。

特に、国有企業による鉄鋼や石炭の過剰生産は世界経済にも負の影響を与えている。李首相は経営が破綻しながら政府や銀行の支援で存続する「ゾンビ企業」の合併、再編などに果敢に取り組む構造改革を進めると訴えた。

改革によって生じる大量の失業者対策に目を配りつつ、付加価値の高い新産業を育成できるかどうかが、重要な課題となろう。

高度成長に伴う行き過ぎた拝金主義の下で、極端な貧富格差

民生要重于权威

中国全国人大② [2016. 03. 16]

内容提要

中国政府明确表示，为确保经济稳定增长，必须坚定不移地推进结构改革，但如何克服因失业者剧增带来的阵痛将成为一个大难题。与民生相比共产党更重视自己的权威性，如此的内政、外交之态势令人堪忧。

李克强总理在全国人民代表大会上指出，2016 年国内生产总值增长目标为 6.5% 至 7%，较 2015 年的 7% 左右有所下调。

就中国经济而言，依赖出口和大规模公共事业投入的快速增长已经变得非常困难。当前最重要的任务是一边承受经济减速带来的阵痛，一边力求转换为稳定增长。

特别是中国国有企业中钢铁和煤炭产能过剩，给世界经济带来一定的负面影响。李总理强调，针对那些经营破产、靠政府和银行扶持生存的“僵尸企业”，要采取并购重组等手段，坚决推动结构改革。

因此，如何安置改革带来的失业人员，培养高附加值的新产业都将成为重要课题。

随着经济高速增长而产生的过度拜金主义，导致社会出现了极端的贫富差距的现象。因此，提高低收入群体的收益虽然重要，

も生まれた。低所得層の所得引き上げは重要だが、腐敗撲滅による公正な社会の実現こそ求められる。

李首相は、地方指導者らが習近平主席を「党中央の核心」と持ち上げ始めたことを念頭に「核心意識」や党中央との「一致意識」を強めるべきだと訴えた。習氏や党の権威を高めようとする姿勢が目立つのは気がかりだ。

その習主席は「党・政府が管轄するメディアは宣伝の陣地であり党を代弁せねばならない」と指示し、報道統制を強める。党や政府への健全な批判すらためらわれる空気が社会にまん延しているようだ。肝心なのは、畏怖されるよりも信頼される政治の下での、民生の安定や向上ではなかろうか。

全人代では「大国外交の理念の実践」も強調されたが、大国意識の高まりは周辺諸国との摩擦も起こしている。南シナ海での地対空ミサイル配備など力による実効支配の拡大や、人権問題の批判に反発する姿勢は、国際社会の理解を得られないだろう。

全人代では「二〇年までに小康社会（ややゆとりある社会）を全面的に完成させる」との目標を盛り込んだ第十三次五カ年計画が示された。所得を倍増させることだけが「小康社会」の目標ではあるまい。民が強権政治の息苦しさを感じることなく、国際社会と協調して発展していけるような社会を築き上げてほしい。

但更紧要的是通过消灭腐败来实现社会公正。

地方领导开始将习近平恭奉为“党中央的核心”,对此李克强也有了内心的想法，强调“核心意识”，必须与党中央保持高度“一致”。习为提高自己在党内权威所做的各种动作引人注目，令人堪忧。

习主席下达了“党和政府主办的媒体必须姓党”的指示，从而要求进一步加强对新闻媒体的管制。于是，一些对党和政府善意的批评也无法提出了，社会弥漫着犹豫的风气。其实，重要的是，与其让大家畏惧，还不如在取信于大家的政治体制下，稳步发展和提升民生呢。

全国人大上也强调“大国外交理论实践”,大国意识的高涨势必会引发与周边国家的摩擦。中国在南海配备地对空导弹，以武力扩大实际控制范围的行为，以及中国在人权问题上遭批判后反击的姿态等，都无法得到国际社会的理解吧。

全国人大上通过了第十三个五年计划，其中包括“到 2020 年全面实现小康社会”。但“小康社会”并不仅仅只是以收入倍增为目标。我们希望中国努力建设一个与国际社会协调发展的社会，以民众不再受强权政治的压迫。

対話継続の知恵深めよ

台湾新総統就任 [2016. 05. 25]

台湾で三度目の政権交代が実現し、初の女性総統が誕生した。中国は民主が根付いた台湾に対し過度な統一攻勢をかけることなく、東アジアの安定のためにも対話継続の知恵を深めてほしい。

民進党の蔡英文氏は台湾で一九九六年に直接総統選が始まって以降、初の女性総統に就任した。

台湾では八〇年代まで国民党一党支配が続き、息苦しい戒厳令の時代も経験した。選挙を通じた三度の政権交代が実現したのは民意による政治の定着と評価したい。

「一つの中国」の原則で一致したとする「九二年合意」について蔡氏は受け入れを表明しなかったが、「九二年に会談した歴史的事実を尊重する」と述べた。

民進党綱領は「独立」を掲げるが、船出したばかりの蔡政権が中国を刺激せず、中台の「現状維持」の姿勢を強調したことは現実的な対応であると評価したい。

中国は総統就任式に向け、「九二年合意」を蔡氏に認めさせようと圧力をかけ続けた。

需加深继续对话的智慧

台湾新总统就任 [2016. 05. 25]

内容提要

台湾实现了第三次政权交替，诞生了首位女总统。我们希望中国对民主已根深蒂固的台湾不要过度发动（要求）统一攻势，为了东亚的稳定，应想方设法保持与台湾积极对话的姿态。

民进党蔡英文是自 1996 年台湾直接选举总统以来就任的首位女总统。

直到上世纪 80 年代为止，台湾一直持续着国民党一党统治，也历经了令人窒息的戒严令时代。但值得称赞的是，此后三届通过选举完成政权交替，体现了民众意愿决定政治。

关于以“一个中国”为原则的“九二共识”，蔡未明确表明接受。只讲到“对 1992 年会谈的历史事实予以尊重”。

虽然民进党纲领强调“独立”，但刚刚就任的蔡政权并没有刺激中国，摆出中台关系“维持现状”的姿态，可谓符合现实的得当之举。

而中国大陆政府方面在蔡举行总统就职典礼前，则持续施压要求蔡承认“九二共识”。

（2016 年）5 月初，共产党党报人民日报发表文章指出“若

共産党機関紙・人民日報は五月初旬「九二年合意を受け入れなければ（中台）両岸関係の政治的基礎は破壊される」とけん制した。最近、世界保健機関（WHO）総会にオブザーバー参加する台湾への招待状が遅れ、台湾は中国の圧力だと反発した。

「中華民族の偉大な復興」を掲げる中国にとって台湾統一は悲願である。だが、台湾では若い世代を中心に台湾人意識が高まり、台湾を独立した国家と思う人が七割を超えるという現実を軽く見ることはできない。

経済大国になった中国が、自由で民主的な社会を築いた台湾を力でのみ込もうとすれば反発を招くだけだろう。中国返還二十年近い香港で、「高度な自治」が形骸化していると強い反発が出ていることも教訓にすべきである。

蔡氏はともかくも現状維持を主張した。一方、習近平国家主席も昨秋の中台首脳会談で「九二年合意の核心的内容を認めれば交流したい」と柔軟姿勢を示した。

中台双方が「統一」や「独立」を一方的に振りかざして現状維持を壊すのではなく、安定的な対話継続を守る柔軟な知恵を絞ってほしい。その延長線上にこそ未来の中台像を描く土壌が生まれよう。

中台関係の悪化は東アジア情勢を不安定にさせ、中国と日米の関係にも悪影響を与えることも忘れてほしくない。

不承认九二共识，就会破坏两岸关系的政治基础”。最近，台湾想以观察员身份参加世界卫生组织（WHO）大会，但邀请函迟迟未到，台湾反击称压力来自中国。

对揭示“中华民族伟大复兴”的中国来说，统一台湾可谓宏愿。可是，台湾以青年一代为中心的台湾人意识加强，认为台湾是独立国家的人超过七成，其现状不可小觑。

已成为经济大国的中国，对已构建民主社会的台湾施压必招致反弹。在回归中国近二十年的香港，因“高度自治”形同虚设而引发强烈反抗，也应该是一个教训吧。

总之蔡主张维持现状。另一方面，习近平国家主席在去年秋天举行的中台首脑会谈上，以柔软灵活的姿态表示“只要承认九二共识的核心内容就能进行交流”。

中台双方均不应单方面的大肆宣扬“统一”和“独立”，进而破坏现状。期待双方开动脑筋，将目前持续对话的稳定局面维持下去。只有在这样的延长线上，描绘中台未来图景的土壤才会应运而生。

我们希望中国不要忘记中台关系恶化将导致东亚局势的不稳定，也会给中国与日美之间的关系带来不良影响。

~3~

大型社説

（大型社评）

屋台で羊を使った庶民料理を売るイスラム教徒の人たち
＝2016年7月、新疆ウイグル自治区で、筆者撮影

在露天排档叫卖羊肉简餐的伊斯兰教徒
（2016年7月作者摄于新疆）

大型社説 ❶

新たな井戸を掘る者は

[2012. 09. 23]

日中は、国交正常化四十周年を迎えます。残念ながら今、仲は冷え込んでいます。若い世代の交流こそが、関係を未来志向へと動かす力でしょう。

驚くべき数字があります。内閣府が二〇一〇年秋に実施した世論調査で、中国との関係を「良好だと思わない」との回答が、過去最高の88.6%にも上りました。

沖縄県の尖閣諸島沖で漁船衝突事件が起こった直後の調査です。日系企業の破壊や略奪にまで過激化した反日デモが吹き荒れたばかりです。現在の対中感情はもっと悪いかもしれません。

パンダの来日などで熱烈歓迎ムードに沸いた正常化の直後は、中国に「親しみを感じる」との回答が八割近くありました。

■外交のパイプ機能せず

一九七二年九月二十九日に正常化の共同声明に調印しました。その当時、日中間の人の往来は年間一万人程度でした。今は五百万人を超えます。

相手の国をよく知らない時よりも、飛躍的に交流が増えた現在、隣国を嫌いになってしまう。こうした状況は本当に不幸です。いてついた感情を解かし、対話を進めるには何が必要でしょうか。

もちろん、国と国との外交努力が基本なのは、言うまでもありません。しかし、日本は中国の反対を押し切って性急に尖閣

新的挖井人

[2012. 09. 23]

内容提要

日中将迎来邦交正常化四十周年。令人遗憾的是，至今日中关系还处于冰冷状态。希望通过年轻人之间的交流，推动日中关系向前发展。

有一组令人吃惊的数字。2010年秋日本内阁府实行的舆论调查显示，认为日中关系“不是良好的”人数升至88.6%，达到史上最高。

这是在冲绳县尖阁诸岛（钓鱼岛及其附属岛屿）发生渔船冲撞事件不久后进行的调查。而且在中国刚刚发生反日游行，其过激的行为导致当地的日本企业受到了破坏和掠夺。因此，可能现在的对华感情会更糟糕吧。

回想当年中日邦交正常化，中方赠送的大熊猫在日本受到热烈欢迎，八成的民众都对中国“感到很亲切”。

外交管道功能失效

1972年9月29日两国签署了日中联合声明。当时，日中间人员往来每年达一万人，现在已超过五百万人。

与当时的相互陌生相比，现在两国交流迅速发展，但相互之间彼此讨厌，这种状况实在令人感到不幸。因此，为融化两国冰冻的情感，以及进一步对话，还需要些什么呢？

当然，两国之间通过外交途径的努力是最基本的。但日本不顾中国的反对，急于将尖阁列岛国有化，而中国亦以煽动爱国心

諸島の国有化を進め、中国も愛国心をあおるような形で、大規模な反日デモを容認しました。

外交のパイプがうまく機能していない今、対話の糸口となるような、民間交流の大切さをあらためて考えてみたいのです。

歴史を振り返れば、地道な民間貿易の推進が、国交正常化へとレールを敷いたのです。

三十周年の機会に訪日した全国人民代表大会の李鵬委員長は「若い世代の友好の感情を育てよう」と強調しました。

民間交流の中でも、特に若い人たちの本音のつきあいが、日中関係を支えるという認識を、中国指導者も持っていたのです。

近年、日本に留学中の中国人は約八万人で、中国に留学している日本人は一万五千人余です。

若い日本人の中国理解という点では、この差は気がかりです。日本からの留学生をもっと増やす努力が求められます。

■伝えたい等身大の日本

実際に隣国に住み、その文化や風土、人間性を肌で感じることは、相手の国を理解するうえで、必ずや大きな力になります。

特に、中国の若い人たちには本当の日本の姿を見てもらうことが大切です。九〇年代に愛国教育を受けた世代が、反日デモで「対日開戦」などの物騒なプラカードも掲げました。

しかし、実際に日本を訪れてみれば、平和国家の道を歩む今の日本には、中国と武力紛争を構える雰囲気など毛頭ないことを肌で感じるでしょう。

最初から親日である必要はありません。中国の若い世代に、正確な理解に基づく知日派を育てることが、未来志向の関係を育てる土壌になると期待します。

日中両国をよく知る大人たちの責任も重いといえます。特に、言論の自由が制限される中国では、等身大の日本が伝えられに

的方式，对大规模反日游行予以容忍。

在外交渠道无法发挥作用的现在，有必要通过民间交流，打开对话的窗口。

回顾历史可知，民间贸易的稳步推进，为两国邦交正常化铺平了道路。

全国人大委员长李鹏在中日邦交正常化三十周年访日之际强调，“增进两国青少年之间的相互了解与友好感情”。

因为中国领导人都清楚地认识到，加强民间交流，特别加强青年之间的开诚布公的交流，是增进两国关系的基础。

近年，在日中国留学生约八万人，在华日本留学生有一万五千人之多。

从加深日本青年人对中国理解的角度来看，这一差距令人堪忧。应该努力让更多的日本青年人去中国留学。

希望传达真实的日本

亲自去邻国居住，切身感受其中的文化和风土人情，有助于真正理解一个国家。

特别是让中国年轻人看到最真实的日本甚为重要。在上世纪90年代接受了爱国教育的这代人，在反日游行中高举“对日宣战”等标语，令人感到不安。

然而，如果请他们真正来到日本，他们也许会感受到现在的日本正朝着和平方向迈进，丝毫没有与中国进行武力对抗的氛围吧。

最初根本不需要什么哈日。在中国年轻人当中，培养一些正确理解日本的知日派，他们将成为推动两国未来关系发展的动力。

同时，熟知日中两国的成年人的责任也很重大。特别在言论自由的受到管控的中国，无法传递日本的真实情况的缘故，令人担忧。

曾听一位在日本工作的中国学者抱怨:“回中国后，如果介绍

くいことが気がかりです。
日本在住のある中国人学者から「中国に帰って日本の良い面を伝えると非難されることもあり、ありのままのしゃべれない」との悩みを聞いたことがあります。両国にとって悲しむべきことです。
天安門事件で国際的に孤立した中国に、日本は先進国でいち早く政府開発援助（ODA）の再開を決めました。デモで被害を受けたパナソニックは他の日本企業に先駆けて中国に進出し、近代化を助けてきました。
こうした前向きな歴史がきちんと若い世代に伝えられていれば、過激な行動も抑制されたのではないでしょうか。愛国心の政治利用もできなくなるのです。
政治、経済、文化など日中双方の各界に、数多くの「井戸を掘った人」がいました。その人的遺産をうまく受け継いでこられなかったのが、極端な対立を避けられなかった原因かもしれません。

■「私は種をまきました」

来日して十七年の名古屋－南京留学生促友会の韓金龍さん(52) は六年前から毎年、民間寄付だけで友好の桜を南京に贈る活動を続けてきました。南京の公園の桜はすでに千百本を超えました。
韓さんは二年前、促友会会長を名大大学院の女子留学生、高媛さんに譲り、後方支援に回りました。「私は種をまきました。草の根交流のバトンを引き継いでいくことが大切です」と言います。
波が高い今だからこそ、若い民間交流の中に、未来への井戸を掘る人を探し、育んでいくべきなのでしょう。

日本好的地方可能会遭受非议，无法实话实说。”这对两国而言，可谓悲哀。

中国曾因天安门事件，一度遭到国际社会孤立。作为发达国家的日本，政府当时以最快的速度，决定重启“政府开发援助（ODA）项目”。在游行中受害的松下比其他日企更早进驻中国，帮助中国现代化的实现。

因此，如果向年轻人准确传达这些正能量的历史，他们将会抑制自己过激的行为吧。爱国心也不会被政治利用了吧。

在政治、经济、文化等日中双方各界，都有很多“挖井人”。而尚未很好传承他们遗产的原因，极有可能是没有避免极端对立所致。

“我播下了种子”

在日本居住了十七年，南京——名古屋留学生促进会的韩金龙先生（52岁），六年前（2006年）开始，每年持续向南京献上来自日本民间捐增的樱花树，持续进行友好活动，目前，他在南京的公园里栽下樱花树已超一千一百棵。

两年前，韩先生将促进会会长的位子让贤于名古屋大学研究生院女留学生高媛，他自己则退到幕后默默支持。他解释道:“我虽然播下了种子，但更重要的是要有人接过草根交流的接力棒”。

日中关系正处冰河时期的当下,在年轻一代的民间交流里,寻找面向未来的挖井人,（重视）培育为势在必行。

大型社説 ……………………… ❷

高所から見る知恵を

[2014. 02. 02]

「高みに登って遠くを望む」。日中で波風がたつと、双方の政治家からそんな知恵が出されたものです。非難合戦の今、広い視野が欠けているようです。

家の戸口につるされた赤い灯籠が揺れ、爆竹の音が響きます。街では「新年好」と新年のあいさつが交わされています。中国大陸は春節（旧正月）の華やいだ雰囲気に包まれています。

安倍晋三首相の靖国神社参拝に対する批判の激烈さは、ひとまず「春節休戦」といったおもむきです。

しかし、「国際正義と人類の良知に対する公然たる挑戦」（程永華駐日大使）とまで非難する中国の強硬姿勢は近年、まれにみるものです。

■国際秩序への挑戦か

安倍首相は「国のために倒れたご英霊に対し尊崇の念を表するため」として、中国や韓国の反発を承知で参拝を強行しました。参拝を「間違っていない」とし、「批判されても役割を果たしていく」と述べました。

しかし、靖国にはA級戦犯が合祀（ごうし）されており、国の指導者が参拝すれば、日本が侵略戦争を引き起こした軍国主義を認めたとの誤解を、近隣諸国に与えかねないのは当然です。

首相としての立場より個人の信念を優先して参拝を強行したのであれば、日中関係について「高みに登って遠くを望む」よ

高瞻远瞩的智慧

[2014. 02. 02]

内容提要

“登高望远”。日中之间一有风波，双方的政治家就会共聚智慧。而像今天这般相互唇枪舌战，实在是有失博大胸怀放眼量。

家家门上挂着的红灯笼，爆竹声此起彼伏。走在大街上，身边时不时传来“新年好”的问候声，中国大陆笼罩在一片美好祥和的过年气氛中。

对安倍晋三首相参拜靖国神社的激烈批评，随着“春节休假”而暂且偃旗息鼓。

然而，近年中方的言论强硬的惊人。连驻日大使程永华也在谴责日本说：“这是对国际正义和人类良知的公然挑战”。

是对国际秩序的挑战吗

安倍首相不顾中国和韩国的反对而强行进行参拜，他的表述为“对为国捐躯的英灵表示崇敬”。他说参拜“没有错”，进而又说：“即使遭到批评也是作为首相的当然义务，必须履行这一责任。”

但是，靖国神社内供奉着甲级战犯，若以国家领导人的身份进行参拜，当然会引起邻国的误解，使人觉得日本承认是挑起侵略战争的军国主义。

因此，若首相优先考虑个人信念一意孤行坚持去参拜的话，那么被批评为对（处理）日中关系方面缺乏“高瞻远瞩”般的深思熟虑也是理所当然的。

うな熟慮が足りなかったと批判されても仕方ありません。
ただ、中国が四十人以上の外交官や官製メディアを動員し、「戦後の国際秩序に対する挑戦」などと、日本と国民全体への一方的な批判を世界中で繰り返しているのは納得できません。
日本は侵略戦争の歴史を深く反省し、平和憲法を掲げて戦後七十年にわたり平和国家建設の努力を重ねてきました。
中国は、侵略戦争に「痛切な反省」を示した「村山談話」を高く評価し、不戦の誓いをうたった日中共同声明などの重要性を認識しているはずです。
中国メディアは対日政策を「対外的な世論戦強化で日本を重点的に孤立させる戦略」と報じています。中国当局は「首相自ら門を閉じた」として指導者の会見を拒否しています。地方レベルや民間交流にまで甚大な悪影響が及んでいます。
日中二千年の悠久の交流史に鑑みれば、中国の居丈高に映る対応も「高みに登って遠くを望む」姿勢とは遠い、短絡的な対応と言わざるをえません。

■歴史認識での想像力

懸念されるのは、中国指導部が求心力を高めるために、必要以上に対日強硬世論をつくりだしていないかということです。
テレビなどで習近平国家主席らの厳しい対日批判が放映されると、ネットにすぐさま「好」「完全同意」などの書き込みが現れます。だが、一党独裁の中国では、党や政府に批判的な世論は表に出にくいものです。
上海の街に出てみると、率直な庶民の本音を聞くことができます。
三十八歳の男性は「両国関係の悪化は庶民の生活に悪影響を与える。戦争なんて絶対に嫌だ」と話していました。
自国の歴史を深く見つめた意見もありました。出版社勤務の

只是，中国动用四十位以上的外交官和官方媒体，发动“挑战战后国际秩序”舆论战等，单方面不断反复的在国际上批判日本及全体国民的做法，实在令人难以接受。

日本对侵略战争历史进行了深刻的反省。战后七十年来，国家一直秉承和平宪法的原则，为建设和平的国家在不断地进行努力。

中国对侵略战争有着深刻反省的“村山谈话”予以高度评价，并充分认识到对宣称不战的日中共同声明等条约的重要性。

中国媒体就对日政策的相关报道称“采取加强国际舆论攻势，重点孤立日本的战略”。中国当局声称“首相自己把门关闭了”,进而拒绝领导人会见，这也对地方级别的沟通、民间交流等产生了恶劣影响。

若考虑日中两千余年悠久的历史交流，中国趾高气扬的态度已离“高瞻远瞩”的境地甚远，不得不说有点过于武断。

历史认识的想象力

值得担心的是，中国领导层为提高凝聚力，会不会过度地制造对日本的强硬舆论。

电视媒介播放国家主席习近平对日严厉批判，网上立马出现“好、完全同意”等点赞。然而，在一党独裁的中国，对党和政府的批判性言论，难以出现在公开场合。

但如果步入上海街头，就能听到民众的心声了。

在和一位 38 岁男性交流时，他说：“两国关系恶化势必影响百姓生活，我们绝对讨厌战争”。

也有对本国历史持深刻见解的人，在出版社工作的 60 岁男性的发言更是冷静而尖锐:“抗日战争后，在文化大革命中，中国人也做出过相互伤害、相互摧残的事情。领导人不应该总是批评日本，对自己人以前做过的事情也应该认真反省”。

因此，比任何都重要的是，在历史认识问题上，双方有必要

六十歳の男性は「抗日戦争後、文化大革命では中国人が中国人を傷つけた。指導者は日本批判ばかりするのでなく、自分たちのやったことを省みるべきだ」と、冷静かつ辛辣（しんらつ）です。

何よりも、歴史認識の問題では双方が自国の犠牲者ばかりを尊ぶ発想から少し離れ、相手方の立場で考えてみるという想像力がもっと必要でしょう。

核被爆国としての戦争被害の視点は、日本国民であれば、到底忘れることはできるはずもありません。

一方、中国政府報道官は「立場を変え、もし日本指導者が南京大虐殺被害者の遺族や子孫の立場に立てば、靖国参拝できるだろうか」と述べました。耳を傾ける必要があるでしょう。

安倍首相が「尊崇の念」の表明だから「間違っていない」と強弁するのは、相手方の犠牲者を尊ぶ視点に欠けています。

■つまだつ者は立たず

どの国の指導者でも強いリーダーを望むでしょう。ただ、そのために歴史問題で愛国心をかきたてようとすれば、国のかじ取りを誤るでしょう。

中国の古典老子にいわく「つまだつ者は立たず」。

つまだって背伸びしている者は無理があり、長く立っていられない、との教えです。虚勢を張るかのように角を突き合わせる日中の指導者に、深く胸に刻んでほしい言葉です。

摒弃那种单纯尊重本国牺牲者的想法，且更有必要换位思考，站在对方立场上考虑问题。

作为在二战中受到核弹攻击的日本来说，每一个日本国民都不会忘记这段历史的。

另一方面，中国新闻发言人指出:“换位思考，如果日本领导人是一名南京大屠杀遇难者家属或子孙的话，还会去参拜靖国神社吗？”，也许适时听一下中方理由也很有必要吧。

安倍首相以“尊崇逝者英灵”来解释“自己做法毫无错处”的强行辩解，这恰是不尊重对方逝者的表现。

企者不立

每个国家领导人都是强者。可是，为此就利用历史问题激发民众爱国心志，则难免误入歧途。

中国古典老子有云：企者不立。

踮着脚尖伸长脖子的人是不可能长久站立的。希望虚张声势、势均力敌的日中两国领导人，能铭记这句古语。

大型社説 ❸

日中改善の歩み着実に

[2014. 11. 11]

約三年ぶりに実現した日中首脳会談。両国政府は「外交的成果」を誇るのではなく、真の関係改善に向けて、着実に歩を進める転換点とすべきだ。

安倍晋三首相と習近平国家主席との初めての会談である。両国首脳による会談は、いずれも前任者の野田佳彦前首相と胡錦濤前主席による二〇一一年十二月以来だ。

今回の会談は実現直前まで、日程や会談形式をめぐる両政府間の調整が続いた。握手を交わしながらも緊張した両首脳の表情は、一九七二年の国交正常化以降、「最悪」とされてきた今の両国関係を象徴しているようにも見える。

■「異なる見解」に知恵

日中両国は今や、米国に続く世界第三、二位の経済大国である。「一衣帯水」の隣国でもある大国同士の緊張状態が長引けば、アジア・太平洋地域の安全保障や世界経済にとって、深刻な懸念材料となることは避けられまい。

首脳会談が実現したからといって、関係が一気に改善するわけではない。重要なことは、緊張緩和に向けて両国が粘り強く話し合いを続けることだ。首脳会談を継続的な対話へと発展させてほしい。

振り返れば関係悪化への決定的な転機は日本政府が一二年九月、有効に支配する沖縄県・尖閣諸島の国有化に踏み切ったこ

日中改善更需着实的步伐

[2014. 11. 11]

内容提要

日中首脑时隔 3 年终于实现了会谈。其实这点“外交成果”并不值得两国政府夸耀，大家应以此次会谈为契机，为今后两国关系的真正改善，稳步前行。

安倍晋三首相和习近平国家主席进行了首次会谈。此次会谈，是自 2011 年 12 月野田佳彦前首相和胡锦涛前主席会谈以来，首次的两国首脑会谈。

本次会谈直到正式开始之前，双方政府还在就相关日程和会谈形式进行着磋商和调整。而会谈前，双方首脑握手时流露出紧张的表情，也充分说明了两国关系正处于 1972 年邦交正常化以来“最糟糕”的时期。

“不同见解”所含有的智慧

如今日中两国分别为继美国之后的世界第三和第二的经济大国。一衣带水的邻邦之间关系如此紧张，这对亚太地区的安全保障和世界经济，都会带来深刻严重影响。

中日关系不会因这一次首脑会谈就能彻底好转。但重要的是，为了缓解紧张的两国关系，双方要保持对话机制。期待首脑会谈朝着持续对话方向发展。

回顾过去，2012 年 9 月日本政府决定将冲绳县、尖阁诸岛（钓鱼岛及其附属岛屿）国有化，给两国关系带来致命打击。

（对此），一直声称拥有领土权的中国政府竭力反对。此后，公

とだ。

領有権を主張してきた中国側は激しく反発し、公船の日本領海侵入や海・空軍による挑発的行動、尖閣を含む東シナ海上空への防空識別圏設定など、緊張を高める行動をとり続けた。首脳会談の開催も、領有権問題の存在を日本側が認めることを条件としてきた。

今回、会談実現にこぎ着けたのは、両政府の合意文書に、双方が尖閣諸島など東シナ海で「近年緊張状態が生じていることについて異なる見解を有していると認識」との文言を盛り込んだためだ。

■不測の事態を避けよ

これまで私たちは、尖閣諸島が日本固有の領土であることを前提に、外交上の「係争地」に位置付けるなどして対話のテーブルに着き、紛争防止の枠組みをつくる必要性を訴えてきた。

合意文書の表現は対話の窓口を開くための知恵と評価したい。

首脳会談では尖閣問題への言及はなかったが、両国の主張がぶつかり合う状況に変わりはない。

中国側には、現状変更を意図した一方的行動や海空軍による挑発的行動などを慎むよう求めたい。日本側にも緊張をいたずらに高めないような配慮が必要だ。

首脳会談では日中の艦艇、航空機間で不測の事態を避けるための「海上連絡メカニズム」の構築も再確認した。福田康夫内閣当時の〇八年に合意したものの、棚上げ状態になっているものだ。

首相の要請に、習主席は「すでに合意はできている。事務レベルで意思疎通をしたい」と応じた。不測の事態を招かぬよう、合意の実現を急ぐべきである。

もう一つ、中国側が対日批判を強めていた背景には、安倍首相の歴史認識問題がある。

务船舶入侵日本领海，发起海空的挑衅性行动，以及设定包含尖阁列岛领空在内的东海防空识别圈等等，中国方面不断采取行动，加剧了局势的紧张。即便举行首脑会谈，也是以日方承认领土所有权问题存在争议为条件的。

这次，之所以能成功举行会谈，是由于两国政府在（已达成的）协议文件中加进了如下条款："双方认识到近年来在尖阁诸岛等东海海域发生的紧张状态，并持有不同见解"。

为防止意外事态发生

直到今天我们都认为，应以尖阁诸岛是日本固有领土为前提，并将其定义为外交上"有争议的领土"，然后双方坐下来谈判，并建立防止纠纷的机制。

协议文本中的表述可圈可点，体现了两国政府为打开对话门户的智慧。

首脑会谈虽不涉及尖阁问题，但两国的谈判内容相互抵触的状况并未改变。

我们希望今后，中方在为改变现状采取单方面行动，或者海、空军采取挑衅行动时，务必慎行。日本方面也需注意，无需增加不必要的紧张。

首脑会谈中，有关为避免日中舰艇、巡航机间发生不测事态，建立"海上联络机制"的问题，也重新得到了双方领导人的确认。建立该联络机制是福田康夫内阁在2008年当政时期所达成的共识，但至今被束之高阁。

对日本首相的提议，习主席赞同道："海上联络机制"已经有协议，可以先开始事务层面的沟通"。为防止不测事态发生，进一步实现协商堪为至急的要务。

另一方面，中国政府对日加紧批判的原因之一，是安倍首相对历史问题的认识。

此次，安倍首相对习主席表示"将继续坚持以往历届内阁在

首相が習主席に対し、「歴代政権の歴史認識を引き継ぐ」と表明したことは、歓迎したい。

日本の首相は「植民地支配と侵略に対する痛切な反省と心からのおわび」を表明した「村山談話」の重みを忘れるべきではない。

習主席は「歴史問題は十三億人の国民感情の問題だ」と述べたものの、昨年十二月の首相靖国参拝には言及しなかったという。抑制的な姿勢を示したのだろう。

極東国際軍事裁判（東京裁判）のＡ級戦犯が合祀されている靖国神社への参拝は軍国主義礼賛と受け取られかねない。

国の命による戦死者を指導者が追悼し、慰霊するのは当然の責務だが、近隣諸国に無用な懸念を与えないためにも、靖国参拝を控える「戦略的忍耐」も必要だ。

ただ、中国側も「歴史カード」を対日けん制や国内求心力を高める政治的材料として持ち出す姿勢を改めるべきである。

中国側には「日本の譲歩」を強調した報道もある。中国指導部が国内世論工作のために外交的勝利ばかりを演出するなら経済大国にふさわしい態度とは言えまい。

■不戦の精神を次代へ

今回の首脳会談は、日中共同声明などに盛り込まれた「不戦の精神」を未来に継承し、「戦略的互恵関係」の原点に戻る、双方にとって有益な一歩である。

政治が冷え込んでも中国からの観光客数は今年、過去最高の二百万人台と予想される。民間や経済の交流が本格回復するよう、両国指導者は政治力を発揮すべきだ。

アジア太平洋経済協力会議（APEC）が開かれている北京は、「APEC ブルー」（中国紙）というほど澄んだ青空ではないが、首脳会談開催で、日中関係改善の曙光が差しているようでもある。

历史问题上的认识”，其态度值得欢迎。

作为日本首相，对于“对殖民地统治和侵略表示深刻的反省和由衷的歉意”的“村山谈话”，是不应该忘记其重要性的。

习主席指出“历史问题涉及十三亿中国人民的感情”，但并没有提及去年（2013 年）12 月首相参拜靖国神社一事，也表明了克制的姿态。

因为参拜合葬着远东国际军事法庭（东京裁判）判决的甲级战犯的靖国神社，被视为是对军国主义的礼赞。

虽然，领导人追悼慰藉为国捐躯战士的在天之灵是一份责任，但不给周边邻国造成不必要的担心，控制靖国神社参拜，“战略性的忍耐”也十分必要。

而中国方面也应改一改打出“历史牌”以制约日本，提高国内凝聚力做法。

中国也时有强调“日本让步”的报道。领导层为制造国内舆论，体现外交胜利，这种行为举止和经济大国相去甚远。

向下一代传承不战的精神

本次首脑会谈，双方表示未来将继承日中共同声明的“不战的精神”，回归“战略互惠关系”的原点，这对双方均为有益的一步。

即使在政治的冷冻期，预计今年从中国来日本的观光客将创二百万人次新高。欲使民间和经济交流得到本质性回升，两国领导人则应发挥各自的政治能力。

正在召开亚太经济会议（APEC）的北京，那澄澈蓝天，并不是（中国报纸所称的）“APEC 蓝”，仿佛是通过首脑会谈，日中关系改善的曙光。

大型社説 ❹

等身大の姿見つめよう

[2016. 01. 04]

日中関係にようやく改善の兆しが見られます。政治の風向きが双方の国民感情を傷つけました。自分の目で等身大の相手を見つめる年にしたいものです。

上海で昨年末、心温まる言葉を耳にしました。東日本大震災の原発事故による風評被害に苦しむ人たちを応援するイベントです。

会場を訪れたのは若者が大半でした。「望まぬ暮らしをしている人が早く家に戻れますように。故郷こそ真の家です」「悪い風評に惑わされず、自分で東日本を旅して復興を応援したい」

こうした声は、本紙の取材に答えてくれた二十代の中国人男女の声援エールのほんの一部です。

■恐る恐るの一歩

宮城、福島など東日本八県の関係者が安全性を訴え、地元特産品や観光名所をＰＲしました。中国政府は放射能汚染への恐れから、東日本十都県からの食品や農産品の輸入停止を続けています。

そうした中、若者たちが自分の目で震災後の日本を見つめ、被災地の人たちに寄り添い手を差し伸べようとする姿勢に、日中関係で久しぶりに心強さを感じました。

日本政府による沖縄県の尖閣諸島国有化に端を発し、日中の政治関係は近年「政冷経涼」どころか、いてつく関係が続きま

以等身大视角看对方

[2016. 01. 04]

内容提要

日中关系终于出现了改善征兆。政治风向曾伤害双方的国民感情，希望在新的一年，日中两国国民要用“等身大”的视角客观看待对方。

去年（2015 年）年底，我们在上海听到一些让人心中温暖的话。由于东日本大地震引发了福岛核电站泄漏事故，虽然一时间谣言四起，但仍然有些好心人在上海举行一场活动，希望借此能帮助那些受到谣言困扰的人们。

来参加活动的大多是年轻人。“希望那些过得不开心的人能早日重返家园”。“希望不被谣言蛊惑，去东日本旅行，对重建表示声援”。接受本报采访的 20 多岁中国年轻人中，有人说出了心中的话。

诚惶诚恐的一步

宫城、福岛等日本东部地区八县有关人士为强调安全性，在上海举行了推介地方特产和旅游胜地的活动。出于对核污染的担忧，中方曾停止从日本东部地区的十个地方进口食品和农产品。

在这种情况下，中国年轻人用自己的眼睛去判断灾后的日本，愿意对灾区人们伸出援手的态度，令人感到日中关系的希望所在。

日本政府将尖阁诸岛（钓鱼岛及其附属岛屿）国有化之后，日中政治关系近年来岂止是“政冷经凉”，简直是彻底陷入僵局。

终于，安倍晋三首相与习近平主席实现了第二次首脑会谈，去

した。
ようやく、安倍晋三首相と習近平国家主席の二度の首脳会談が実現し、昨年秋には日中韓首脳会談も再開されました。首脳が定期的に会う環境は整いましたが、双方が国内での反発を気にしながら、恐る恐るの一歩という段階です。
今年こそ、指導者同士が胸襟を開いて話し合える個人的な信頼関係を築いてほしいと思います。
中国政府が「国家哀悼日」に定めた昨年十二月の南京事件記念式典に、習氏らトップ指導部は参加しませんでした。改善基調にある日中関係に一定の配慮をしたと受け止めてもよいでしょう。

■食わず嫌い解消を

なかなか克服できない歴史問題には双方共に謙虚に向き合うべきです。日本側が目を閉ざし、中国側が政治カードとして振り回すような、非建設的な応酬を続けるべきではありません。
年のはじめに何よりも期待したいのは、政治的対立が双方に刷り込んでしまった“食わず嫌い”のような国民感情の解消です。
日本の民間団体「言論NPO」が昨年秋に公表した日中共同世論調査によると、相手国に「良くない印象を持つ」は日本側が88.8%、中国側は78.3%でした。幾分改善されたとはいえ、印象は極めて悪いと言わざるをえません。
その意味で、興味深いデータがあります。野村総合研究所の昨年夏の調査で、日本を訪れた中国人旅行者の約八割が再び来日したいと回答したというのです。
昨年一～十月に日本を訪れた中国人は、前年同期比で約二倍の四百三十万人近くに上ります。在上海日本総領事館の関係者は「日本を訪れた中国人観光客は爆買いに関心があるだけでなく、その多くは日本人のマナーの良さや、社会の清潔さ秩序正

年秋天也再次举办了日中韩三国首脑会谈。虽然首脑定期会面的外部环境已具备，但考虑国内的反对情绪，双方前进的步伐谨慎而小心。

希望今年两国领导人能坦诚对话，建立起相互信任的关系。

中国政府定为“国家公祭日”的去年 12 月“南京大屠杀”纪念仪式上，习等高层领导人没有参加。也许是中方考虑到当前日中关系已有一定的改善，才这么做的吧。

应消除偏见

对于难以解决的历史问题,双方都应以谦和的态度去面对。但日方视而不见，中方将其作为政治牌利用的非建设性做法，都不应该继续下去。

新年伊始，最为期待的是消除因政治对立而产生的两国民众之间的偏见。日本民间团体“言论 NPO”去年公布的日中联合舆论调查结果显示,日本受访者对中国有不好印象的高达 88.8%,对日本有不好印象的中国受访者则为 78.3%。虽然这一结果比以前有所改善，但不得不说两国国民对彼此的印象极差。

还有一个数据很有意思。野村综合研究所去年夏天的一项调查显示，到过日本旅游的中国游客，约有 80% 的人表示将再来日本。

去年 1 至 10 月，到日本的中国游客数量同比增加一倍，达四百三十万人次左右。日本驻上海总领事馆有关人士介绍说:“赴日中国游客不只是对爆买感兴趣，许多人也对日本人的彬彬有礼和社会环境的干净有序印象深刻。”

这个例子很好地说明，政治关系恶化造成的对日本的负面看法，在中国人亲眼目睹“等身大”的日本后发生了很大变化。

反观日本，在举行上海世博会的 2010 年，约有三百七十三万日本人前往中国。在那之后赴中国的日本游客一直在减少。日本国内充斥排华舆论，赴中国旅游和希望去中国留学的日本人都

しさに感動して帰国します」と話しました。
政治関係悪化がもたらした中国人の負の対日認識が、自分の目で等身大の日本を見て大きく変わった好例ではないかと思います。
翻って日本はどうでしょうか。上海万博が開かれた二〇一〇年には約三百七十三万人の日本人が中国を訪れましたが、その後は減少が続きます。日本国内には嫌中本があふれ、観光客も留学希望者も二の足を踏む状態が続きます。
中国を訪れないだけでなく、大陸に住む人たちの帰国も目立ちます。一四年初めには六万人を超えていた上海在留邦人は今では五万人を切っています。
帰国の理由は、物価の高さや、大気汚染、食の安全などへの不安です。
確かにこうした暮らしにくさは中国人も直面する難題で、政府も解決に全力を挙げていますが一朝一夕には成果はでません。

■反日一色ではない

しかし、はなから敬遠して自分の目で中国を見ようとする日本人が減ってしまえば、等身大の相手を知る日中間の人数の差は開くばかりではないかと心配です。
中国での反日デモの記憶は鮮烈です。その背景に若い世代に対する抗日と結びつけた愛国主義教育があったのは事実でしょう。
ただ、冒頭で紹介したような若い世代も育っています。
上海での勉強会で同席した大学生は「冷静に日本を見て、自分の頭で今後の関係を考えたい」と話しました。
巨大な大陸は日本で伝えられるような反日一色ではありません。“食わず嫌い”を脱し、特に若い人たちが自分の目で中国を見に海を渡る年にしてほしいものです。

不见增加。

不仅日本人不去中国旅游，在华居住的日本人也有很多返回日本。2014 年初，在上海居住的日本人超过六万人，但现在不到五万人。

他们返回日本的理由有物价高涨、空气污染、对食品安全不放心等。

的确，这些生活中的焦虑是中国人也面临的难题，中国政府在全力解决，但短期内还难以取得成果。

并非清一色反日

但如果希望用自己的眼睛看中国的日本人减少，日中之间相互了解对方真实情况的人数差距就会拉大，这令人担忧。

中国的反日示威活动让人记忆犹新，其背景是针对年轻一代的、与抗日有关的爱国主义教育发挥了作用。

不过，中国也有一些像本文开头所介绍那样的年轻人。在上海某个学习会上，与我同桌的一位大学生表示:“要冷静看待日本，用自己头脑来思考今后的关系。”

庞大的中国并不像日本所宣传的那样，清一色地反日。我们希望在新的一年，日本人特别是年轻人要摆脱偏见前往中国，用自己的眼睛去观察。

大型社説 ……………………………… ❺

「異形の大国」ではなく

[2016. 05. 23]

中国が伊勢志摩サミットでの海洋進出批判に神経をとがらせている。国際社会の「異形の大国」とならぬよう、平和共存による相互利益を求めてほしい。

中国のネットなどから最近、姿を消してしまった言葉がある。「習大大（習お父さん）」と親しみを込めて習近平国家主席を呼ぶ表現で、習氏の出身地である陝西省など中国西北地域の言い回しだという。

習氏の意向を受け共産党宣伝部が禁じたとの情報もある。最高指導者と民衆の距離を近づけるような言葉はなぜ封印されたのだろうか。その背景には、近年露骨になっていた習氏個人崇拝に近い風潮への危機感があったようだ。

■文革発動50年の悪夢

上海の土産物屋の店頭では今年初めごろ、カリスマ指導者の毛沢東、鄧小平と習氏が並んだバッジや皿を見かけた。二月には習氏が国営新華社通信などを視察し「国営メディアは共産党と政府の意見を代弁すべきだ」と指示し、ネット管理の強化も命じた。

三月の全国人民代表大会（国会）前には、地方指導者らが習氏を「党の核心」と持ち上げる露骨な個人礼賛の発言が目立っていた。

民衆の間には、一億人が被害を受けたという文化大革命の悪

不要做“异形大国”

[2016. 05. 23]

内容提要

中国对伊势志摩峰会上所出现的海洋进出问题的批评十分敏感，愿中国不堕落为国际社会中的“异形大国”，冀和平共存来寻求相互利益。

最近，有一种称谓从中国网上消失了。即对国家主席习近平以“习大大”的亲切称呼，这源自于习陕西省老家等地、中国西北地域的叫法。

有消息称这是习亲自授意共产党宣传部这样做的。为什么要封杀最高领导人与民众亲近的叫法呢。因为近几年，社会上对习露骨的个人崇拜似乎到了顶峰，出现了危机感。

文革五十周年的恶梦

今年（2016 年）年初在上海的礼品商店里，发现了领袖人物毛泽东、邓小平和习的徽章、摆盘並放着。习在今年 2 月视察国家通讯社新华社时指示说“党和政府主办的媒体是党和政府的宣传阵地，必须姓党”，并要求强化网络管理。

在 3 月召开的全国人大之前，更有地方领导人露骨的吹捧，称习为“党的核心”。

而在民间，有人担心那场给一亿人带来巨大灾难的文化大革命的重演。因为，今年正值由毛泽东所发动，最后中国政府评价为“带来严重灾难的内乱”的文化大革命五十周年。

确定禁止歌功颂德的转机是在 4 月下旬。习一反常态表示“欢

夢がよみがえったことは想像に難くない。毛沢東が発動し、中国政府が「大きな災難をもたらした内乱」と総括した文革から今年は五十年の節目にあたる。

礼賛禁止への転機は四月後半に明らかになった。習氏が「善意の共産党批判は歓迎」と異例の発言をし、続いて知識人からの批判に対し「誤りがあって正確でなくとも（指導部は）寛容であり、責めたりはしない」と踏み込んだ。

強硬なメディア統制の姿勢からの転換は、「第二の文革」との批判を念頭においたものだろう。

▩懸念された個人崇拝

習氏は文革再来を想起させるような個人崇拝の路線とは一線を画そうとしたとみられる。もしも、そうした判断であれば歓迎すべきことである。

習氏を個人崇拝するような動きに懸念が強かったのは、中国内政だけでなく国際社会との関係にも影響するからである。

どの国の指導者であれ強い求心力を欲するのは共通するだろう。ただ、最近の中国の外交や政治に目を凝らすと、指導者の権威確立のため、大国にふさわしい誇りを取り戻そうとばかり、摩擦を招くような対外強硬姿勢がより目立っていた。

東シナ海や南シナ海の問題で中国が「法の支配」に反するような一方的な海洋進出を強行し続けることに、国際社会は懸念を募らせていた。先進七カ国（G7）外相会合では中国を念頭に「挑発的な一方的行動に強い反対を表明する」とした声明が出されたが、中国は強く反発した。

四月末に北京で岸田文雄外相と中国の王毅外相の会談が実現したが、王氏は伊勢志摩サミットで日本が南シナ海の問題を取り上げることを強くけん制した。

しかし、南シナ海は世界有数の海上交通の要路である。だか

迎对共产党善意的批评”。继而又深入强调,对来自知识分子提出的批评“即使一些意见和批评有偏差，甚至不正确，也要多一些包容、多一些宽容，坚持不抓辫子、不扣帽子、不打棍子。”

从媒体管控强势姿态的转变,可能出于被批为“第二次文革”的担心吧。

令人担忧的个人崇拜

一般认为习的此举，是想与文革中的个人崇拜划清界限。如是这样的话，那是值得欢迎的。

因为大家对习强化个人崇拜的担忧,不仅关系到中国内政,更关系到国际社会的影响。

任何国家的领导人，都有一个相同之处，希望自己具有强烈向心力。但是，回顾最近一段时期的中国政治和外交，为了确立领导人的权威，恢复大国的荣耀，中国所采取的对外强硬姿态招致了诸多摩擦。

关于东海和南海问题,中国反对“法律支配”,单方面持续进出海洋,以至引发国际社会的担忧。七国首脑会议（G7）的外长会议上针对中国，发表外长声明称“强烈反对任何在东海和南海的恐吓、胁迫和挑衅行为”，而中国对此表示强烈的反对。

4 月末，日本外相岸田文雄与中国外交部长王毅在北京实现了会谈，但王强烈地牵制了日本在伊势志摩首脑峰会上提及南海问题。

然而，南海是世界上屈指可数的海上交通要道之一，正因为如此，最近美国下决心为“航行自由”第三次作战。更不用说确保安全航行对日本经济的重要性了。

王对此采取了挑衅性的发言,宣称“在地区和国际事务上,应放弃与中国对抗心态”。

日中间有关东海的尖阁诸岛（钓鱼岛及其附属岛屿）问题和历史问题等等，急需解决的问题堆积如山。安倍晋三政权通过了

らこそ米国は最近、三度目の「航行の自由」作戦に踏み切った。安全な航行確保は日本経済に重要であることも言うまでもない。

王氏は「地域や国際社会の問題で中国への対抗心を捨てよ」と、挑発的とも取れる発言をした。

日中間には東シナ海の尖閣問題や歴史認識問題など、解決すべき課題は山積している。安倍晋三政権が、歴代内閣が否定してきた集団的自衛権行使を容認する安保法を成立させたことに、中国民衆が不安を覚えるのは理解できる。

しかし、不満があるからといって相手を一方的に責め、対話に背を向けてきた最近の中国の姿勢は建設的とはいえない。対話を通じた相互理解で共通利益を求めることこそ肝要である。

日中外相会談は関係改善に向け努力することで合意した。これを弾みに、九月に杭州市で開かれる主要二十カ国・地域（G20）首脳会議の際の日中首脳会談を実現してほしい。

■「二つの夢」実現には

中国は共産党成立百年の二〇二一年に小康社会（ややゆとりある社会）建設を達成し、新中国成立百年の二〇四九年に中等先進国の水準に達するという「二つの夢」を掲げている。

夢の実現には、国際社会や周辺諸国との安定した関係が何よりも重要であろう。中国はかつて平和的台頭を意味する「和平崛起（くっき）」を強調した時期がある。

習氏は反腐敗闘争で内政を固め、個人崇拝を排して集団指導体制下の強いリーダーをめざす姿勢を示し始めたといえる。この機に外交でも強硬路線と決別し対話で平和共存の道を歩んでほしい。

被历代内阁所否定的、行使集体自卫权的安保法，引发中国民众不安，这是可以理解的。

然而，因不满对方而进行单方面的指责，拒绝对话等，最近中国的态度可谓是非建设性的。只有通过对话，增进相互理解、谋求共同利益，才是解决问题的关键。

日中外长通过会谈达成共识，愿努力改善日中关系。希望以此为契机，争取在今年 9 月 G20 杭州峰会期间，实现日中首脑会谈。

为实现“二个梦想”

中国政府提出了两个一百年奋斗目标：在共产党成立一百周年的 2021 年之时全面建成小康社会，2049 年新中国成立以百周年之际建成社会主义现代化国家。

为实现梦想，保持与国际社会和周边国家的稳定关系比什么都重要。中国也曾经有过强调和平兴起的“和平崛起”时期。

可以说习通过反腐巩固了内政，展现其希望排除个人崇拜、成为集体领导体制下的强势领导的姿态。我们希望中国借此契机在外交上告别强硬路线，通过对话，走向和平共存之路。

後書き

この本を執筆していた二〇一六年秋、上海市郊外の水郷地帯・七宝を訪れました。土産物店の店頭には目立つ場所にカリスマ指導者とされる毛沢東と鄧小平の赤いバッジが陳列され、その横には習近平国家主席（党総書記）のバッジも並べられていました。

第五代指導者といわれる習氏の先輩にあたる、第四代指導者の胡錦濤氏、第三代指導者の江沢民氏のバッジはどこにも見当たりませんでした。

絵はがきや焼きグリを買い求めた観光客らは競うように習氏のバッジにも手を伸ばしていました。習氏が中国トップの座についてわずか四年で、その政治基盤は固まり、カリスマ指導者に近づいているようにも映りました。

ちょうどこの時期、北京では中国共産党の重要会議「六中全会」が開かれ、「習近平同志を核心とする党中央」と認定する総括コミュニケが発表されました。中国政界では、「核心」とは最重要事項を決定する権限を持つ指導者と理解されます。

習氏自身は会議で「集団指導体制の堅持」を何度も唱えましたが、中国最高指導部の中で習氏が一歩抜きんでたトップリーダーとなったのは明らかでした。

政治的な風向きに敏感な中国の庶民が「習バッジ」を買い求めるのは不思議ではありませんが、党や政府を含め社会全体の習氏に対するおもねりのような雰囲気には不安も感じました。

私は一九九四年に新聞社の派遣留学生として北京外国語大で中国語を学んで以来、北京で二度、上海で一度の特派員生活を送り、中国駐在は足かけ十年に及びました。

后 记

中文

撰写本书的 2016 年秋，我去上海市郊七宝古镇参观，看到礼品商店醒目位置上摆放着领袖级人物毛泽东和邓小平的红色纪念章，国家主席（党总书记）习近平的纪念章亦陈列在侧。而被称为第五代领导人的习的前辈、第四代领导人胡锦涛和第三代领导人江泽民的像章却难觅踪影。

购买明信片和炒板栗的游客又争先恐后地将手伸向习的纪念章。这也反映了习荣登宝座仅四年，其政治地位稳固，已向领袖级领导人迈进。

正是在这个时期，北京召开了中国共产党的重要会议“六中全会”，会议发表公报正式确立“以习近平同志为核心的党中央”提法。中国政界对“核心”的理解是指对重大事项拥有决策权的领导人。尽管习本人在会上多次强调“要坚持集体领导”，而显然，他在中国高层中已先行跃升为最高领袖。

政治嗅觉敏感的老百姓购买习像章不难理解。而党政、包括整个社会对习阿谀奉承的气氛亦令人不安。

我自 1994 年作为公司派遣留学生在北京外国语大学留学以来，其后又两次作为特派记者常驻北京、一次常驻上海，加起来共有十年生活在中国。

九七年からの初の北京特派員は江沢民時代、二〇〇三年からの二度目の北京勤務は胡錦濤時代でした。そして、論説委員を兼務した一四年からの上海特派員は習近平時代と、まさに第三代から第五代の指導者の時代を大陸で取材し、社会の変化を皮膚感覚で観察してきました。

鄧小平氏の指名で天安門事件後の中国のかじ取りを任された江氏は、何とか改革開放政策を進めましたが、資本家が共産党員になることを容認した「三つの代表論」は逆に、党員の金儲けを助長し拝金主義がまん延しました。対日関係では愛国主義を反日と結び付けた運動が日中関係に深い傷を残しました。

胡氏は「和諧社会（調和の取れた社会）」をスローガンに掲げ、胡氏自身は内政、外交とも比較的穏健な政策を進めようとしました。しかし、事実上の院政をしいた江氏の干渉もあり、決断と実行のできない政治は「失われた十年」とも批判されました。

最近の指導者の中で、自ら権力闘争を勝ち抜いてトップの座を射止めた習氏は、江、胡氏の両先輩に比べ、「中華民族を復興する」という強烈な政治的使命感をもった強いリーダーに映ります。だが、それは社会への締め付けを伴った強権政治と裏腹でもあります。

言論統制や人権派弁護士の拘束、香港の「高度な自治」への干渉など、私が中国で生活したこの十年で、最も息苦しい政治や社会の閉塞感をひしひしと感じます。

習政権は「トラもハエもたたく」をスローガンに強烈な反腐敗闘争を繰り広げています。もちろん腐敗は中国社会最悪の病根であることは疑いありませんが、拝金主義による格差に苦しむ庶民の怒りに火を付けて権力基盤を固める指導者の意図も否定できません。

97年第一次常驻北京时正值江泽民时代，2003年第二次常驻北京适逢胡锦涛时代，接下来2014年以记者兼评论员身份常驻上海又逢习近平时代。我在中国大陆的采访正可谓历经了从第三代到第五代领导人执政时期，切身观察并感受了中国社会的变化。

经邓小平钦点，江在天安门事件之后掌舵中国，他设法推进了改革开放政策，但其允许资本家入党的“三个代表”反而助长了党员腐败，导致拜金主义蔓延。在对日关系上，他将爱国与反日嫁接，给日中关系造成了巨大的创伤。

胡提出“和谐社会”的口号，其自身意欲推进较为稳健的内政、外交政策，但由于江的元老干政，胡执政时期被批评为缺乏决断和执行力的“失落的十年”。

在最近的领导人当中，习在权力斗争中脱颖而出坐上最高领袖的宝座，相比江、胡两位前辈，他给人的印象是一位拥有“振兴中华民族”强烈政治使命感的强势领导人。

控制言论自由、抓捕人权律师、干涉香港“高度自治”，我在中国生活的十年中，深感社会、政治生活异常沉闷和闭塞。

习政权以“老虎苍蝇一起打”为口号开展激烈的反腐败斗争。腐败无疑是中国社会最坏的病根，但领导人借此点燃百姓对拜金主义横行所带来的贫富差距的怒火，以巩固其权力地盘的意图亦不可否认。

「中華民族の偉大な復興」を掲げる強硬策は、「紅二代」として中国共産党の保守本流を任じる習氏にとって当然な主張なのかもしれませんが、偏狭なナショナリズムの封印を解く大衆迎合路線であり、非常に危険であるといわざるをえません。

米メディアが「世紀の番狂わせ」と自己弁護気味に報道した米大統領選で「偉大な米国の再現」を掲げたトランプ氏の当選も、国情は違えども、庶民の不満に火をつけた危うい大衆迎合の帰結でしょう。こうした米中二大国の「一国主義」は国際社会の大きな不安定要因となるでしょう。

立憲主義に挑戦するかのように、憲法改正の手続きを踏まず、憲法解釈の変更により集団的自衛権行使を認める閣議決定をした日本も周辺諸国に不安を与えています。指導者の求心力を高めるため「強い国」を演出する手法は安倍政権も米中と同様であり、国と国のつながりを重視する国際主義的な思考はどんどん失われています。

こうした国際情勢の変化をウオッチしながら、私は上海に身を置いて現代中国の諸問題について社説や大型コラムを発信してきました。もちろん、日本国内において日本語で発行する新聞である以上、第一義的には日本人を主たる読者に想定しています。

ただ、中国問題を扱う社説は一般ニュースとは違い、中国共産党、政府、社会、民衆への提言や批判、時には注文をつける内容を多く含みます。中国人の読者にこそ読んでほしい面もあるのです。

これが、「対訳中国論」の形で本書を出版しようと思った大きな動機です。さらに、現在の中国では党や政府の考えに反する言論を統制する姿勢が強まり、多くの中国人に等身大の日本の姿や日本メディアの中国論が正確に伝わっていないと感じたこともあります。

推出“中华民族伟大复兴”的强国政策，对“红二代”出身、本质保守的习而言或许理所当然，但它撕开了狭隘民族主义的封条，走迎合大众路线，不能不说是非常危险的。

在美国媒体带有自辩意味报道的“世纪之大跌眼镜”的总统大选中，标榜“再现伟大美国”的特朗普获胜当选总统，尽管国情不同，这何尝不是点燃百姓不满情绪以迎合大众的结果呢？如此美中两个大国的“单边主义”终将成为国际社会不安定的重大因素。

日本似在向立宪主义发起挑战，无视修宪程序修改宪法解释，通过解禁集体自卫权内阁决议，同样给周边邻国带来了不安。领导人为提高向心力祭起“强国”大旗，其表演手法安倍政权同美中如出一辙，而重视国与国之间关系的国际主义思维正逐渐丧失殆尽。

在观察国际形势变化的同时，我置身上海，就当今中国的各种问题撰写社论、开设大型专栏。当然，既然是在日本国内发行的本土报纸，我首先考虑的是以日本人为主要读者。只是，有关中国问题的社论不同于一般报道，多包涵对中国共产党、政府、社会、民众的建言、批评或期许，具有希望中国读者也能看到的一面。

这便是我希望本书能够以“日中对照”形式出版的最大动机。同时我也感到，当今中国对有悖于党和政府的言论的控制愈发严厉，很多中国人并不真正了解等身大的日本以及日本媒体对中国的论述。

志は高かったのですが、翻訳を始めると挫折と後悔の連続でした。中日新聞・東京新聞上海支局の中国人助手、春野氏、馬依群女史に下訳を頼み、私が手を入れていきました。しかし、正確に訳そうとする私たちの努力は、かえって訳文を直訳調のぎこちないものにしてしまいました。

ニュースで報じられる中国指導者の発言を原文で確認する作業や、日本メディアで新たに使われ始めた用語が中国内の報道でどう翻訳されているかチェックする仕事などにも追われました。本業の論説委員・上海支局長の勤務を終えてからスタートする三人の共同作業は時に深夜に及び、居酒屋に場所を移して続きました。

私たちの共同作業がようやく一段落した後、さらに正確を期すためと、中国語らしい中国語に磨き上げるため、日本語に堪能な中国人大学教授や現役の外交関係者らにチェックを頼みました。

まだまだ翻訳として未熟な点や誤りがあるのかもしれません。しかし、そうした中国人の友人の熱意あふれた支援があったからこそ、私自身やり切ったという思いで、この本を世に問うことができました。この場を借りて心よりのお礼を伝えたいと思います。

本書におさめたのは、私が執筆してきた社説や大型コラムのごく一部です。現代中国の重要問題には繰り返し社説を書いていますが、重複を避けるために節目となる記事を取り上げたつもりです。新聞に掲載された社説は新聞社としての論評や意見ですが、翻訳についてはすべて私個人に責任があります。

此志虽高，可一旦翻译起来，挫折与悔恨接连而至。我首先请中日新闻·东京新闻上海支局的中方助手春野和马依群女士做了初译，然后由我来加工。可力求做到准确翻译，反而使译文变成生硬的直译腔调了。

从新闻报道中确认中国领导人发言原话、核实中国媒体对日本媒体最新用语的译法等等，这些工作没完没了。我做完评论员和支局长的本职工作后，常常和二位助手一起工作到深夜，有时还要转战居酒屋继续苦干。

协同作业总算告一段落，我又请通晓日语的中国大学教授和现役外交人士为译文把关，以期达到翻译准确无误，更加符合中文习惯。

译文可能尚存诸多不足和谬误，但正是这些中国友人热情洋溢的支持，我才能坚持到最后并使本书终得问世。借此机会，我想表达对大家的由衷感谢。

本书收录的，只是我所撰写的社论及大型专栏文章的极少一部分。对当今中国的重大问题我曾反复多次写过社论，为免重复，本书只收录重要节点时所写文章。刊载于报纸的社论代表报社的意见，但翻译则有我本人全权负责。

最後に、日中文化の架け橋たらんとして、日本で精力的に相互理解に貢献する本を出版している日本僑報社の段躍中編集長に心から感謝したいと思います。上海でお会いした段編集長に「意義ある本です。ぜひ出版しましょう」と力強く背中を押して頂いたことが、本当に励みになりました。

今後の中国の進むべき方向や日中関係について真剣に考えたいと願う人は多いと思います。その中でも、特に日中双方の若い人たちに、この本を読んで頂ければ幸いです。

二〇一六年晩秋
中日新聞・東京新聞上海支局にて
上海市静安区の高層ビル 17 階

最后，我要衷心感谢日本侨报社的段跃中总编。他在日本积极出版有助于增进两国相互理解的书籍，架起日中文化交流的桥梁。在上海见到段总编时，他说“这是一本有意义的书，一定要出”，他的极力支持，对我是莫大的鼓励。

我想有很多人愿意去认真思索中国的未来及日中关系，我希望他们当中、尤其是两国的年轻人能够读到此书。

2016 年晚秋
中日新闻・东京新闻上海支局
上海市静安区大楼 17 层

著者略歴

加藤直人（かとう・なおひと）
1962年、岐阜県瑞浪市生まれ。中日新聞・東京新聞論説委員

■履歴

2017年1月～	名古屋本社論説委員（現代中国、地方政治担当）
2014年1月～	中国駐在論説委員兼上海支局長
2011年3月～	名古屋本社論説委員（現代中国、地方政治担当）
2006年3月～	名古屋本社社会部ニュースデスク
2003年3月～	中国総局長（北京駐在）
2000年3月～	名古屋本社社会部
1997年3月～	北京特派員
1995年9月～	東京本社外報部デスク
1994年9月～	社派遣留学生（北京外国語大学）
1989年1月	中日新聞入社

■学歴

1986年3月	慶応義塾大学法学部法律学科卒業
現在	朱大可教授工作室・高級外国研究員（上海・同済大） 南山大学外国語学部、総合政策学部非常勤講師など歴任

■著作

「巨竜の目撃者」― 中国特派員2500日（中日新聞社）　14年
「ドラゴンと月亮」― 北京特派員と2人のアジア妻（東京図書出版）　05年
「そこに未来がある」― 僕らが見つけた希望のかたち（文芸社）共著　01年

作者介绍 中文

加藤直人（Naohito Kato），男，1962年出生于日本国岐阜县瑞浪市。资深记者、高级时事评论员。

■简历

1989年1月～	中日新闻入社
1994年9月～	社派中国留学生（于北京外国语大学）
1995年9月～	东京总社国际部编辑
1997年3月～	驻北京特派记者
2000年3月～	名古屋总社社会部
2003年3月～	驻北京中国总局长
2006年3月～	名古屋总社社会部新闻编辑
2011年3月～	名古屋总社高级时事评论员 （职掌现代中国、日本地方政治）
2014年1月～	驻中国高级时事评论员兼上海支局长
2017年1月～	名古屋总社高级时事评论员 （职掌现代中国、日本地方政治）

■学历

1986年3月	庆应义塾大学法学系法律专业毕业
曾任	南山大学外语系、综合政策系外聘讲师等
现任	朱大可工作室高级外国研究员

■著作

2001年	日本文艺社共著发表「那里有未来」 /我们所发现的希望形式
2005年	东京图书出版社发表「龙与月亮」 /北京特派记者和亚洲籍前任、现任妻子
2014年	中日新闻社出版发表「巨龙的目击者」 /中国特派记者的2500天

筆者の加藤直人を囲む、馬依群助手(左)と春野助手(右)
2016年11月、中日新聞・東京新聞上海支局で

作者加藤直人身边的助手马依群女士(左)、春野先生(右)。
2016年11月中日新闻、东京新闻上海支局内

日中対訳版
日本人論説委員が見つめ続けた
激動中国 ―中国人記者には書けない「14億人への提言」―

2017年4月11日　初版第1刷発行
著　者　　加藤直人（かとう なおひと）
発行者　　段景子
発売所　　日本僑報社
〒171-0021 東京都豊島区西池袋3-17-15
TEL03-5956-2808　FAX03-5956-2809
info@duan.jp
http://jp.duan.jp
中国研究書店 http://duan.jp

2017 Printed in Japan.　ISBN 978-4-86185-234-3　C0036

日中対立を超える「発信力」

～中国報道最前線　総局長・特派員たちの声～

中国報道の最前線からの声！
日中の平和的な未来への道

未曾有の日中関係の悪化。そのとき記者たちは…

尖閣問題や歴史認識等をめぐる対立の深まりにより、1972年以降、かつて経験したことのない局面を迎えていると言われる日中関係。打開策が見出せないまま、日中双方の国民感情の悪化も懸念される2013年夏、中国報道の最前線の声を緊急発信すべく、ジャーナリストたちが集まった！

執筆者の言葉

加藤隆則（読売新聞中国総局長）

本書ではまず、中国の現場で報道にかかわる当事者たちの思いを伝えることで、一つの答えを出そうと試みる。日中が過去にない難局を迎えている中、渦中にあって、打開策を探ろうとしているジャーナリストの声を記録することは、時代的、歴史的な意義も持っている。開戦さえ叫ばれている中、二度と過ちを繰り返さないために、記者が率先して声を上げる必要がある、との強い思いに支えられている。

編 者　段躍中
定 価　1350円＋税
ISBN　978-4-86185-158-2
刊 行　2013年

NHK特派員は見た

中国仰天ボツネタ&マル秘ネタ

ニュースにはできなかった
とっておきのボツネタを厳選して執筆

取材裏話を通して不思議大国・中国を知る

中国には、まだ日本ではさほど知られていない不思議なことが非常にたくさんある。新聞やテレビがニュースとして伝える中国の姿は、中国全体で起きているごく一部の事柄のエッセンスに過ぎない。その全体像を思い描くことなど至難の業だ。そんな中国取材の現場に身を置いて30年、著者が関わった中国関係のニュース原稿は1万本以上に上る。中には「自分が知り得た中国を、十分伝えきれなかったもの」もあれば、「ニュース価値がさほど高くないと判断していたもの」も…。

そこで本書では、「むしろニュースとしては十分伝えきれなかった不思議体験」が、著者のリアルな回想とともに描かれる。ある意味で貴重な取材裏話を通して、不思議大国・中国の一端が浮かび上がる注目の1冊。

著者　加藤青延（NHK 解説委員）
定価　1800円＋税
ISBN　978-4-86185-174-2
刊行　2014年

春華秋實

―日中記者交換40周年の回想―

日中記者交換40年の集大成
40名を超える両国記者たちによる記録

日中両国の特派員が架けた友好の橋

この40年間に、両国のたくさんの「特派員」が現地の政府や社会各界から協力を受け、支えられつつ、困難を乗り越え仕事に励み、たくさんの記事を書いてきました。それらの多くの記事は、両国の友好を守り、客観的で公正、真実を求めるものであり、両国とその国民の相互理解と交流を増進し、国交回復や平和友好条約締結を促し両国の友好協力関係を不断に発展させることに大きな役割を果すものでした。彼らは、その一時代の歴史の記録者というのみならず、両国関係の目撃者でした。

―趙啓正中国国務院新聞辦公室主任
記念講演より

編 者　段躍中
定 価　3800円＋税
ISBN　978-4-86185-015-8
刊 行　2005年

大陸逍遙

—俳句と随筆で綴る体験的中国—

国や人の境界線をなくす
豊かな人間性があふれる

中国各地を逍遥しながら、見たまま聞いたまま、中国のありのままの姿を俳句と随筆で記録していた日本人記者夫婦がいた。散文によるスケッチは、ニュースでは伝えきれない現代中国の実像を鮮やかに描き出す。

著者　岩城浩幸、岩城敦子
定価　2000円＋税
ISBN　978-4-86185-007-3
刊行　2005年

大陸逍遥
俳句と随筆で綴る体験的中国

岩城浩幸・岩城敦子
日本僑報社【日中記者交換40周年記念出版】

推薦の言葉

この本の「ことば」の中には人と自然への愛とやさしさのメロディが聞こえます。国や人の境界線をなくす豊かな人間性。まさしく私が知っている十数年来おつきあいしてきた岩城さんご夫人の変らぬ温かい笑顔と心が見えます。謝謝！
—呉汝俊　音楽家・京劇俳優

ジャパン スナップ

北京日報東京支局長として過ごした10年間

日本を考え直す一冊

半世紀に渡り、日本を深く理解したいと努力し続けた研究者が両国の友好を願い、想いを同じくする夫人と共に綴る日本生活10年間の思い出。

著者　駱為龍、陳耐軒
監訳　三潴正道
訳者　而立会（大場悦子、清本美智子、野村和子）
定価　2000円＋税
ISBN　978-4-86185-010-3
刊行　2005年

ジャパン スナップ
北京日報東京支局長として過ごした10年間

駱為龍・陳耐軒
●三潴正道・監訳
●而立会（大場悦子・清本美智子・野村和子）・訳
●日本僑報社

日中記者交換40周年記念出版

従昭和到平成
―駐日15年報道文集―

駐日15年の報道を刻む

日中記者交換40周年記念出版。

黄星原中国大使館報道参事官 推薦！
本書は、推薦に値する報道作品集である。それは筆者が日本駐在中に、日本を観察し、日本を体験し、日本を総括し、日本を報道した作品の精華をまとめた。

著 者　陳志江
定 価　3800円＋税
ISBN　978-4-93149-092-5
刊 行　2004年

東瀛八年
―中国科技記者日本見聞―

特派員夫婦の中国語の著書

現在中国では国をあげて"科教興国"の戦略を実施しています。日中両国間で今後科学技術の交流をもっと深めなければなりませんが、この本がその促進に大きな貢献となることを望んでいます。

―宮崎勇元経済企画庁長官

著 者　呉仲国、張晶
定 価　3800円＋税
ISBN　978-4-93149-035-2
刊 行　2002年